농부 유맹하의 귀농 에세이

흙과 함께하는 삶

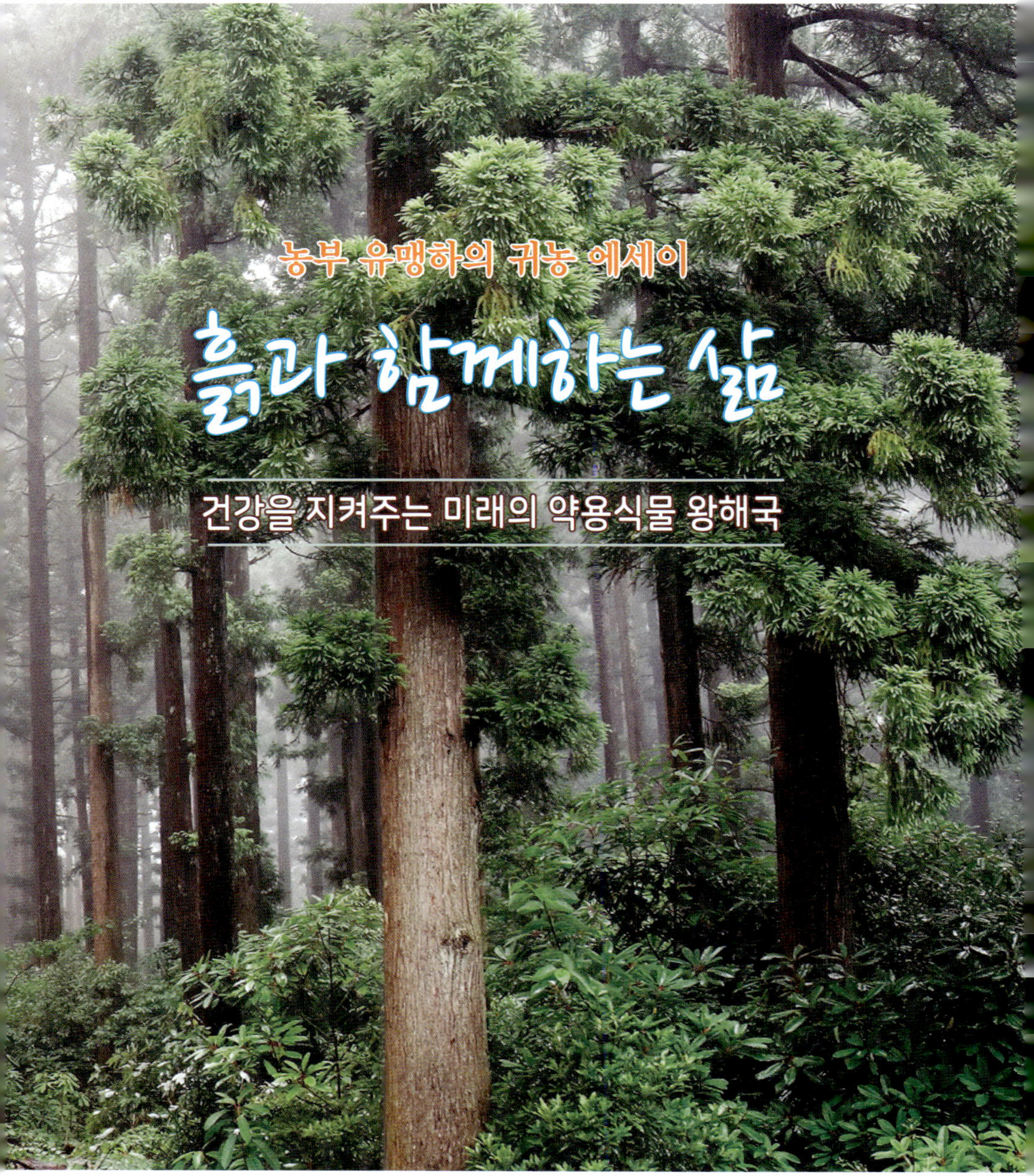

농부 유맹하의 귀농 에세이

흙과 함께하는 삶

건강을 지켜주는 미래의 약용식물 왕해국

차 례

김진홍 목사 추천사 · 6

최동묵 목사 추천사 · 8

책 머리에 한 알의 씨앗 속에 담긴 무한한 가치 · 10

흙에 사는 삶 · 14

새벽을 깨우리로다 · 18

고향 찾기 · 24

나무를 심는 사람 · 28

행복한 사람들 · 34

도전하는 사람 · 41

자연인과 장뇌삼 · 50

희망을 주는 사람들 · 54

귀농 계획 · 58

노하우 · 61

노웨어 · 65

실패한 귀농 · 69

지역 농업과 지역 소비 · 74

건강하게 살아갈 이유 · 79

건강한 삶 · 84

산양 젖 · 88

오지마을 흑염소 · 92

토종 지킴이 · 96

버려진 땅의 신약들 · 99

우리나라에서 제일 먼저 재배한 작물들 · 105

숲속의 소나무 · 114

도라지와 들깨 · 118

알타리 무 재배를 통해 생각해 본 농업 경영의 교훈 · 120

책속의 책 · 186

**건강을 지켜주는
미래의 약용식물 왕해국**

「왕해국의 특징과 재배법」

체험 농장 · 124

수렁논 · 128

꿀벌의 가치 · 132

노래하는 마음 · 135

네덜란드 벽면 조경 · 138

네덜란드 스마트 팜 · 150

안데르센의 노래 · 164

꿈은 이루어진다 · 168

소박한 삶을 위한 기도 · 175

글을 마치며 · 178

1. 왕해국이란? · 190

2. 왕해국의 특성 · 192

3. 왕해국의 재배 환경 · 194

4. 왕해국의 양묘 기술 · 196

5. 모종 생산 · 198

6. 왕해국 재배법 · 202

7. 왕해국 판매 / 수입 · 210

8. 왕해국의 다양한 활용 · 213

9. 왕해국 영양분석 내용

   및 참고 문헌 정보 · 220

별첨 : 을릉도 왕해국

   사진 · 222

왕해국 꽃이 필 무렵 · **228**

왕해국 재배에 관하여

추천사

　농사꾼 중의 농사꾼, 참 농사꾼 유맹하 장로가 책을 내게 되었습니다. 책이 나오기 전에 원고를 먼저 읽게 되었는데 원고를 읽으며 나는 감동하였습니다. 인간 유맹하를 잘 알기에 그가 이런 좋은 글로 책을 내게 되었다는 사실이 나를 감동케 하였습니다.

　유맹하는 진실한 크리스천이고 진정한 농사꾼입니다. 일찍이 유기농 농업에 사명감을 가지고 온몸으로, 열정을 다하여 농장을 일구었습니다. 그는 농업다운 농업을 실천하는 데에 청춘을 바친 일군입니다. 거기에다 그는 끊임없이 연구하는 농사꾼입니다. 내가 알기로는 그는 여러 차례 실패하고 다시 일어서곤 하였습니다

　그런 과정에서 묵묵히 내조하여 준 부인에게 깊은 감사를 표합니다. 그런 내조자가 없었더라면 오늘의 성공한 농사꾼 유맹하가 없었을 것입니다. 이번에 출간되는 책 〈흙과 함께하는 삶〉을 읽으며 나는 저자의 지난날의 시련을 잘 알고 있기에 더 깊은 감동을 느꼈습니다.

그의 삶은 많은 귀농하는 분들에게 큰 본보기가 될 것입니다. 귀농이 어렵다는 말을 듣기도 하고 귀농에 실패하여 도시로 되돌아간 분들의 소식도 가끔 듣습니다. 나는 그런 분들이 이 책을 꼭 읽기를 권합니다. 성공은 누구에게나 쉽게 주어지는 것이 아닙니다. 실패와 성공, 성공과 실패를 거치며 뜻이 더욱 굳어지고 이상이 높아지면서 성공으로 가는 길이 열립니다.

농사꾼 유맹하 장로의 체험 이야기는 그런 점에서 소중한 이야기입니다. 나는 이 글을 청년들에게도 권하고 싶습니다. 도시에서 취업이 안 된다고 낙심하고 있는 젊은이들에게 진정으로 권하고 싶습니다. 이 글을 읽고 나서 다짐하게 되는 결론이 있습니다.

"흙 속에 길이 있다."
"농촌에 대안이 있다."
"농촌교회에 희망이 있다."

독자들도 이런 다짐에 이르게 되기를 바랍니다

2024년 8월 23일
두레마을 김 진 홍 목사

추천사

제가 김진홍 목사님과 함께 남양만 간척지에서 두레 공동체 생활을 할 때 저자 유맹하 장로는 활빈교회에 출석하며 목사님과 함께 농사일을 하였습니다.

그때 젊은 청년이었던 저는 농촌 살리기의 일환으로 지렁이를 분양받아서 키우고 있었습니다.

43년 전 유난히도 칼바람이 불던 추운 겨울에, 부엌 한켠에서 키우고 있던 지렁이가 얼어 죽으면 안 되겠기에 지렁이가 담긴 큰 통을 방에 들여다 놓았습니다.

당시 농촌살리기에 앞장서셨던 김진홍 목사님과 함께 생활하던 유맹하 장로가 그 방에서 잠을 자고 있었는데 온도 차를 견디지 못한 지렁이들이 밖으로 기어 나왔습니다.

지렁이는 자기 생존의 온도가 안 맞으면 언제든지 이동합니다. 침대에서 잠을 자고 있던 유맹하 장로님의 몸에 지렁이가 기어 올라가자 혼비백산하던 장로님의 모습이 아직도 눈에 선합니다.

그때도 열정을 가지고 농사일을 하던 그 유맹하 장로가 책을 내었다니 기대가 됩니다. 땅을 사랑하고 항상 선한 마음으로 사람들을 대하던 그 마음이 그대로 책에 담겨 있습니다.

하나님께서 우리에게 주신 자연의 가치를 알고 끊임없이 연구하며 수많은 실패의 경험 속에서도 도전정신을 가지고 농촌 살리기에 평생을 바쳤으니 많은 독자에게 좋은 길잡이가 되리라 확신합니다.

고령화 시대를 맞이한 대한민국에 정년이 없는 농업은 분명한 새로운 대안으로 자리 잡게 되리라 봅니다. 젊은이들도 농촌으로 가서 과학적이고 현대적인 방식으로 농작물을 키우고 유통하는 일이 많아지고 있음을 보게 됩니다.

저자 유명하 장로가 분명 귀농하는 사람들의 길잡이가 될 책임을 분명히 확인하였으니 이 책을 통해 독자들이 그런 체험을 하실 수 있기를 바랍니다.

2024년 8월 25일
신광두레교회 최 동 묵 목사

책 머리에
한 알의 씨앗 속에 담긴 무한한 가치

20여 년 전 일본 오사카의 작은 도시에서 세계 과학박람회가 열렸다. 박람회 입구 작은 유리 온실에 상징적으로 토마토 한 그루가 심겨 있었는데, 일본의 한 농민이 심어 놓은 것으로 한그루에 토마토 10,600개가 달려 있었다.

박람회에 온 세계 여러 나라의 기자들이 농민에게 물었다.

"당신은 과학자도 아닌데 어떻게 토마토 한 그루에 이렇게 많은 열매가 달릴 수 있게 했습니까?"

기자의 질문에 농민은 생각지 못한 놀라운 대답을 하였다.

"하나님께서 이 작은 토마토 씨앗 속에 생명을 심어 놓은 것을, 나는 싹을 틔우고 뿌리를 내리고, 가지와 잎이 잘 자라게 영양을 공급해 주고 잘 손질했을 뿐입니다."

그 일본 농민의 말에 나는 농업에 대해 많은 것을 생각했다. 보잘것없는 하나의 작은 씨앗이 자라 풍숭한 잎과 수없이 많은 열매가 달린다. 모든 생명이 그것을 양식으로 삼고, 의복과 보금자리를 만들고 맛과 향기를 취하고 그 식물이 가진 무수한 성분으로 질병을 치료한다. 인간 역시 그 순환 속에 어울려 사는 존재다.

이것은 생명을 가진 것이라면 결코 피할 수 없는 자연의 섭리이고 그것은 분명 하나님의 일이다. 그리고 그 곁에 가장 가까이 서 있는 것이 농부다.

요즘 귀농하는 것이 대세라고 한다. 한국 농촌 경제 연구원 통계 자료를 보면 1950년~1960년도 우리나라의 가장 어려운 시기에 태어난 세대들은 너무나 어려운 어린 시절을 보냈다. 밥 한 그릇 제대로 먹지 못하고 자라면서 공부하였고, 농촌을 떠나 이 나라의 산업 역군産業役軍으로 일하면서 우리나라를 살기 좋은 나라로 만들었다.

책 머리에 *11*

이 세대들은 위로는 부모를 공양하고 아래로는 자식들을 공부시키면서 열심히 살아왔던 세대들이다. 그런데 이 세대들이 나이가 들어 정년퇴직하고 직장을 떠나면서 갈 데가 없는 신세로 전락하는 상황이 벌어지고 있다.

도시에는 일자리가 없어, 고향 농촌으로 귀농하려고 생각하는 분들이 약 500만이나 된다고 한다. 그러나 귀농을 하려고 생각하고 계획을 세워보지만, 준비가 되어있지 않고, 무엇을 할 것인가도 문제이다.

지금 우리나라 농촌은 너무나 큰 어려움에 처해 있다. FTA로 인해 농산물 가격은 20년 전보다 더 낮은 가격으로 하락하고 반대로 농자재 가격과 인건비는 몇 배나 올라 농사를 지어 이익을 낸다는 것이 참으로 어려운 일이 되었다. 젊은 사람들은 모두 도시로 떠나가고 고령자만 남아서 그나마 농촌을 지키며 살고 있다. 이에 따라 농촌은 피폐화 되어가고 작은 학교들마저도 폐교하여 없어지면서 적막 같은 농촌 마을로 변해가고 있다.

다행히도 지금 우리나라에 다시 농촌으로 돌아가자는 귀농 바람이 불고 있다는 소식을 여러 매체를 통해 들을 수 있다. 그러나 귀농을 희망하는 분들이 귀농해서 어떠한 작물을 선택하여 농사를 지을 것인지에 대한 치밀한 계획과 준비가 없다면, 거의 99.9%

는 실패할 것이다.

그런데 귀농을 준비하고 실행하기 위한 특별한 자료가 부족한 것이 안타까운 현실이다. 귀농을 위한 정책 자금 지원이나 각종 정보를 어렵지 않게 접할 수 있으나 잘못하면 큰 어려움을 당할 수 있다.

나는 지난 50년 동안 오직 농사를 지으며 참으로 많은 실패와 도전을 거듭하여 오늘에 이르렀다. '귀농'이라는 생각으로 고민하는 분들께 조금이라도 도움이 되었으면 하는 바람으로 부족하지만, 나의 경험을 나누기 위해 이 글을 썼다.

흙에 사는 삶

나는 평생 농사만 지으며 살아왔다. 부모님으로부터 단 한 평의 땅도 물려받지 못하고 많은 부채만 물려받은 채, 빚을 갚기 위해 남의 땅을 빌려 농사를 짓기 시작하여 50년이 넘는 세월을 오직 농촌에서 외길을 걸어 왔다.

선친은 공직에서 10년간 근무하시다 고향에 돌아와 그저 잘 아는 친구분이나 지인들에게 도움을 받으며 어렵게 살았다. 다른 사람의 도움이 없으면 식구들이 끼니를 못 때우고 굶는 날이 수없이 많았다.

나는 맏아들로 동생이 여섯 명이었으니 부모 도움 없이 살아가는 비참함이 이루 말할 수 없었다. 초등학교를 졸업하고, 굶고 있는 동생들 때문에 더 이상 공부를 할 수가 없어 남의 집 농사일을 거들어 주고 조그마한 품삯을 받아 식구들의 식량에 조금이나마 보탤 수 있었다.

 세월이 지나 문중 땅을 빌려 개간을 하 농사를 지었고 남의 땅을 임대해 조금씩 생활이 나아졌다. 내가 살던 안동 하회마을에 문중 산이 10만 평 정도 있었는데, 평평하고 토성이 좋은 곳을 찾아서 잡목을 제거해 개간하였고 3,000평에 담배, 고추, 참깨 등 농사를 지어서 소득을 올리기 시작하였다.

 3년간의 군 생활을 마친 후 좀 더 과감하게 조경수인 나무 농사에 눈을 돌렸다. 1970년도부터 치산녹화 사업이 시작되었고 건설 붐이 일면서 조경수가 돈이 되었다. 특히 고급 수종인 주목이 인기 관상수였다. 주목을 일본으로 수출까지 하였는데 나는 주당 500원에 공급하기로 계약했다.

 설악산에 가서 30만 주를 구입해 삽순을 만들어 삽목을 하였는데 기술 부족으로 90%가 실패하고 말았다. 당시 350만 원이면 서울에서도 집 한 채 값이었는데 400만 원을 더해서 실패하고 말았으니 결혼한 지 1년 만에 여자가 친정집에 다녀온다며 떠나간 후 영영 돌아오지 않았다.

 빚에 시달리다가 중동에 가서 돈을 벌어 보겠다고 집을 떠나 서울로 올라왔다. 군 생활을 같이하던 친구가 경남건설에 근무한다고 하며 중동에 갈 수 있게 해 준다고 하여 그에게 어렵게 마련한 40만 원을 주고 부탁했다. 그런데 그 친구가 잠적해 버리고 나는 돈만 사기당하고 말았다.

서울에서 빈털터리로 오갈 데 없는 처량한 신세가 되어 공사판을 전전하다가 우연한 기회에 화성 우정면에 정착하게 되었다. 농사짓는 것 외에는 아무 기술도 없었기에 어느 집 포도 농장에서 1년 동안 머슴으로 일했다. 그렇게 하면서 받은 돈으로 이듬해에 포도 농장을 임대해서 데라웨어라는 씨 없는 포도 농사를 지었다.

80년도에는 그 품종의 포도를 재배하는 사람이 거의 없어서 용산 과일 시장에서 그 포도는 최고 인기였고 아주 높은 가격으로 팔려나갔다. 농지 임대료 100만 원을 제하고도 500만 원의 수입을 올렸다. 지금 두 남매를 장성시켜 출가까지 시킨 나의 아내를 만나 결혼한 것이 그때였다.

고향 안동 하회마을을 떠나 이곳에 정착하여 농사짓고 산 지 44년이라는 세월이 흘러 내 나이가 벌써 78세가 되었다. 나는 평생 농사를 지었지만, 농업학교 출신도 아니고 부모도 농사를 짓지 않았다. 어릴 때부터 가난하여 먹고 살기 위해 남의 집 일을 하며 배운 농사에 평생 동안 매달려 살아온 인생이다.

나는 내가 생각해도 성격이 급하며 과감하고 공격적인 것 같다. 어떤 작물이 돈이 되겠다고 생각하면 앞뒤 생각하지 않고 몇만 평씩 재배하였다가 실패하여 수없이 많이 망하였고 실패할 때마다 후유증으로 안게 된 부채를 해결하기 위해 몇 년씩 피나는 노력을 해야 했다.

나는 평생 동안 농사를 지으며 오직 돈을 빨리 벌어 일어서 보겠다는 한 가지 생각으로 일반 농작물로부터 꽃 농사, 나무 농사 심지어 조경 사업까지, 돈이 된다 싶으면 안 해본 것이 없었다. 무엇인가 재배하고 판매하고 실패와 성공을 거듭하며 이제껏 농촌에서 세월을 보내다 보니 어느덧 78살이 되었다. 지나간 생을 뒤돌아보며 앞으로 남은 생을 이 농촌에서 어떤 계획을 가지고 살아갈 것인가를 고민하고 생각해 본다.

나는 평생 농촌에서 고생하며 살아온 세월을 후회하지 않는다. 다른 친구들은 좋은 학교, 좋은 직장, 좋은 배필 만나 잘살고 있을 때, 초등학교만 졸업한 나는 먹고 살기 위해 농촌 구석에서 살았다. 처음엔 지게를 지고 그다음 경운기를 끌다가 좀 더 발전하여 트랙터로 농사를 지으며 정말 열심히 살았다.

나의 지난 세월을 뒤돌아보면, 가장 어려울 때도 나는 항상 희망을 잃지 않았다. 농촌에서도 얼마든지 잘 살 수 있는 길이 있고 앞으로의 농업은 전망이 좋은 유망사업으로 보고 있다. 도시에는 베이비붐 세대들 즉 50년~60년도에 태어난 우리 세대들이 갈 곳이 없어 헤매고 있지 않은가. 젊은이들도 얼마나 어려운가. 하지만 우리 농촌엔 풍요로운 산이 있고 땅이 있고 강이 있고 바다가 있다.

새벽을 깨우리로다

    내가 김진홍 목사님을 처음 만난 것은 지금으로부터 45년 전이다. 완전히 추락한 나 자신을 원망하면서 좌절과 분노 속에 희망이 보이지 않는 하루하루를 어렵게 견디며 지내던 1979년 어느 봄날이었다.

    그 봄날, 내가 일하고 있던 포도밭 건너편 산에 여러 사람들이 천막을 세우고 공동으로 식사하면서 주거하더니 산등성이에다가 터를 닦고 벽돌로 집을 짓기 시작하였다. 이어서 양계장과 돈사를 만들고 10가구가 공동으로 양계장, 소와 돼지를 키우는 것이었다.

    이들은 두레 공동체라고 하였다. 내가 일하고 있는 곳에서 100m밖에 안 되는 거리이니 자연히 그들과 만나서 대화를 나누면서 그들의 두레 정신에 대해서도 알기 시작하였다.

그곳에서 2km 정도 떨어진 이화리에 두레 식구들의 개척교회인 활빈교회가 있었는데 그들과 같이 예배에 참석하게 되었다. 나는 외삼촌이 군목이셨고 외할머니가 장로교 권사님이셨기 때문에 어릴 적에는 교회를 다녔지만, 성인이 되어서는 교회에 별 관심 없이 지내고 있었다. 그런데 어떤 이유에선지 이들과 함께 활빈교회 예배에 참석하여 처음으로 김진홍 목사님을 뵙고 설교를 듣게 되었다.

그날의 설교 내용은 45년이 지난 지금도 내 가슴에 생생히 남아 있다. 그날 목사님의 불을 뿜는 설교는 영적으로 희망과 용기와 자신감을 얻는 기회가 되었고 내 삶이 바뀌게 되는 계기가 되었다.

〈열왕기하 7장〉
사마리아가 아람 군대에 의해 포위당했을 때 성안에는 먹을 것이 떨어져 급기야 어미가 자식까지 잡아먹는 끔찍한 상황에서 엘리사 선지자는 입을 열어 곧 풍성한 양식이 있을 것이라 하였다.
선지자의 말을 누가 믿겠느냐만, 성 안팎에서 먹을 것을 던져주면 그것으로 연명하는 문둥병자 네 명이 있었다.

이제 성안에 먹을 것이 없어서 뭇사람이 굶어 죽어 가는데, 죽더라도 먹을 것이 넘쳐난다는 아람 군대 쪽에 가서 먹고 죽자 하고 아람 군대의 방향으로 향하고 있었다. 이때 하나님께서 문둥병자 4명의 발자국 소리를 천지가 진동하는 수백만 명의 발자국 소리로 바꾸어서 아람 군대들이 혼비백산하여 다 도망가게 하니, 도망간 자리에는 먹을 것이 넘쳐나고 있었다. 문둥병자들이 돌아와 이 사실을 알리고 성안에 사람들이 모두 나와 배불리 먹고 적까지 물리쳤으니, 하나님은 불가능한 상황 속에서도 문둥병자라도 쓰셔서 역사를 이루시는 분이다.

하나님께서는 사람을 들어 쓰실 때 잘나고, 많이 배우고, 능력 있는 자만 쓰는 것이 아니라 배우지 못하고 보잘것없는 사람도 귀하게 쓰신다는 뜻이다. 지금의 내 신세가 어렵고 비참하고 희망이 보이지 않지만, 하나님께서 언젠가는 나 같은 사람도 들어 쓰실 거라는 믿음이 생겼다.

그 설교를 듣고 난 후 나는 예수를 믿게 되었고 활빈교회에 나가게 되었다. 나는 배우지 못했고 아무것도 없는 맨 몸뚱아리 신세지만 앞으로는 개척과 도전하는 신앙의 삶으로 살아갈 것을 하나님 앞에서 다짐하였다. 풀 한 포기 없는 광야와 열병이 들끓는 황량한 사막을 젖과 꿀이 흐르는 땅으로 개척한 이스라엘 사람들의 도전처럼, 나는 김진홍 목사님의 영적인 도전 정신을 본받기로 하였다.

그 후 45년간 가까이서 김진홍 목사님의 삶을 지켜보았고 나도 그동안 수없이 많은 어려움과 시련 속에서 죽음의 문턱까지 가는 삶이 있었지만 좌절하지 않고 낙심될 때마다 도전정신을 가지고 열심히 살아왔다. '영적으로 믿고 도전하는 자의 꿈은 반드시 이루어진다'를 나는 목사님을 보고 실감했다.

1981년 일 년 동안 김진홍 목사님은 농촌 소득 사업의 일환으로 느타리버섯 재배를 시작했다. 지금이야 느타리버섯 재배 기술이 발전해서 통합재배, 병 재배 등 기계화된 시스템 속에서 대량 재배가 얼마든지 가능하지만, 그때만 해도 느타리버섯 재배 기술은 많이 보급되지 않았던 때여서, 어느 한 농가에 찾아가 볏짚으로 버섯 재배하는 것을 견학하고 나서 화성에서는 처음으로 느타리버섯을 재배하게 되었다.

하우스 철제 파이프로 4단을 만들고 볏짚을 40cm씩 작두로 절단시켜 지름 30cm 정도의 크기로 묶어서 단마다 짚을 채워 넣고 물을 충분히 뿌린 다음 비닐로 밀봉한다. 그다음 버섯 재배사 여러 곳에 연탄난로를 피워 섭씨 60℃ 이상 열을 올려 소독을 한 다음 버섯 종균을 짚에다 뿌려놓고 온도, 습도를 맞추어 환기를 잘하면 15일 후 느타리버섯을 생산하는 것이었다.

화성시 농촌지도소에서는 내가 처음으로 느타리버섯 재배를 시작해 성과가 좋은 것으로 보고, 관심을 갖고 여러 농가에 알려 견학 기술 지도를 부탁하기도 했다. 기억하건대 당시는 목사님이 서울 청계천 판자촌 주민들과 남양만 간척지에 이주하면서, 여러 가지 사건으로 어려움을 겪고 있었던 때라 목사님 또한 여러모로 힘든 상황이었다.

버섯재배장은 활빈교회에서 4km 정도 거리에 있는 매향리에 있었는데, 원래는 정규 중학교에 입학하지 못하는 불우 청소년들에게 중학교 과정을 가르쳐 검정고시를 볼 수 있도록 가르치는 새마을 청소년학교로 교회에서 운영하다가 입학하는 아이들이 줄면서 폐교하게 되어 그 건물에 버섯 재배장을 설치했다.

가끔 목사님과 나는 버섯재배장에서 일하고 저녁이면 4km나 되는 거리를 걸어서 남양만 활빈교회를 오고 갔다. 어느 날 저녁 늦게까지 일하고 캄캄한 밤에 목사님과 걷게 되었는데 교회에서 오는 중간 지점 건너편에 옛날 봉홧불을 올렸던 봉화산을 목사님께서 가리키면서 말씀하셨다.

앞으로 저 산에다 한국 농업을 이끌어 갈 수 있는 교육관과 선교관을 짓고 세계에서 제일 멋진 두레 공동체를 만들겠다고 말씀하시는 것이었다.

나는 '무슨 꿈같은 소리를 하는가?'하며 듣고만 있었다. 지금, 이 어렵고 힘들고 미래가 보이지 않는 상황에서 무슨 재주로 봉화산 꼭대기에 꿈속의 천국을 만든다는 걸까? 생각하며 어이가 없어 그저 아무 말도 하지 않고 있었다. 그 후 세월이 흘러 7년 뒤 정말 봉화산에 교육관, 선교관, 두레마을이 세워지고 많은 영적 지도자들이 배출되었다.

그 후 목사님은 남양만을 떠나 구리 두레교회를 창립하여 시무하시다가 은퇴하시고, 동두천 쇠목골에 두레 수도원과 국제학교를 세우고 두레마을 농업회사 법인, 협동조합, 약초 단지 등 한국 농업의 미래를 새롭게 열어가는 터전을 만들어 가고 계신다.

그리고 한국 농업의 미래를 새롭게 열어 가는데 비전을 주시는 「농업은 미래다」라는 책을 쓰시고 농업의 미래를 짊어지고 나갈 영적 지도자를 양성하는데 힘쓰고 계신다. 한국 농업의 문화를 일으켜 땅과 사람을 살리는 한국 농업의 미래를 위해 전국을 다니며 강의도 하신다.

목사님의 개척 정신이 지난날 나에게 그랬던 것처럼 지금 이 시대를 살아가는 사람들에게 큰 울림이 되기를 바랄 뿐이다.

고향 찾기

[늙어가는 대한민국, 희망은 OOO이다]

    2018년 1월 1일 농민신문 1면에 난 기사 제목이다. 그 기사에는 2040년이면 현재 우리나라 228개 시·군·구 가운데 84개, 3,482개의 읍·면·동 중 1,383개가 사라질 위험에 처한다고 한다. 10개의 마을 중 4개가 사라지는 셈이다. 가장 큰 이유는 출산율 급감이다. 하지만 2024년 지금은 출산율 문제가 국가 소멸의 위기라는 말이 나올 정도로 심각하다. 더구나 젊은이는 도시로 떠나고, 노인은 세상을 뜨니 인구가 점점 줄어들 수밖에 없다.

    '문전옥답이 잡초에 묻혀 있네'라는 노래처럼, 삶을 지탱해 주던 기름진 땅이, 사람들이 다 떠나 폐허처럼 될지 모른다고 생각

하니 슬픈 마음을 넘어 이 나라의 장래에 대해 걱정이 많다.

　나 역시 태어나 자란 곳이 안동 산골 오지 마을이었다. 거기서 10년 동안 농사를 짓다가 어떻게 하다 보니 경기도 화성으로 이주해 평생 동안 농사를 짓고 있다. 매년 선산을 찾아 고향에 가보지만 옛 어르신들은 다 돌아가신 것은 물론, 알던 친구며 젊은 사람들도 이젠 찾아볼 수가 없다. 80이 넘은 노인들만 혼자서 시골집을 지키며 그 앞에 힘없이 앉아 있다.

　몇 년 전만 해도 담배, 고추 농사 등 여러 경제 작물을 재배해 오던 땅들이 지금은 농사 인력의 부족으로, 잡초밭으로 변해 버렸다. 지금 몇 안 남은 노인들마저 돌아가시고 나면 고향이 사라질 거라고 생각하니 눈물이 앞을 가린다. 20년 후면, 우리의 삶의 터전이었고 먹거리를 거두었던 고향마을은 어떤 모습이 될까?

　1969년 군에 입대하여 비무장지대 GOP 수색 중대에서 근무하였다. 그곳 임진강 주변엔 넓은 평야가 끝없이 펼쳐있고 옛날에 마을이었고 학교와 농토가 있던 자리가 그대로 남아 있었다. 강가에는 뽕나무들이 울창하여 여기 살던 사람들이 누에를 많이 키웠다는 것을 짐작할 수 있었다. 폭격으로 무너진 기와집과 장독대는 지나간 전쟁의 상처였다.

　남북통일이 된다면 155마일의 드넓고 비옥한 비무장 지대의 넓은 들을 차지하여 농사를 지어야겠다고 군복무 내내 생각하였다. 하지만 비무장 지대의 넓은 들은 그 후 아직도 쓸모없이 버려져 있다. 우리 농촌도 앞으로 비무장지대처럼 되지 않을까?

사라질 위기의 농촌이 다시 가서 살고 싶은 곳이 될 수는 없을까. 그 옛날 지게 지고 다니던 논둑 길, 마을 앞을 흐르는 실개천, 가로막아 놓은 봇살에서 물고기 잡고, 함께 모여서 풍악을 울리고 음식을 나누어 먹던 그 자리가, 폐허가 되지 않고 다시 사람들이 모여드는 멋지고 아름다운 곳이 될 수는 없을까.

그동안 우리나라는 유례없이 빠른 성장 덕분에, 전국에 도로가 잘 되어 있어서 간선도로뿐 아니라 산골 오지 마을이라도 길이 잘 닦여 있다. 지방 도청 소재지는 1시간, 벽지라도 대개 4시간이면 갈 수 있다. 이제 대부분이 1가구 1차량 이상을 소유하고 있어, 서울에서 아무리 먼 고향일지라도 여가와 휴식을 즐기고 하루 만에 돌아올 수 있다. 전 국토가 일일생활권이다. 물론 그곳이 옛날 봇살에서 물고기 잡던 정다운 마을이나 아름다운 마을을 기대 할 수는 없지만 말이다.

1972년 제대 후 고향으로 돌아와서 농사짓던 때였다. 대구에서 조경사업을 하고 계시는 한 분의 부탁으로 20만 주 정도의 주목을 삽목과 씨앗으로 파종해 재배한 적이 있었다. 당시 그 분께서 들려주었던 이야기이다.

일본의 명문 대학을 나온 3명의 친구가 졸업 후 각자 자신들의 길을 택하였다. 한 친구는 정치가, 한 친구는 군인, 나머지 한 친구는 고향인 오지마을로 들어가 스기라는 나무를 심었다. 30년 후 정치가와 군인을 택한 친구들은 남들이 부러워하는 성공 가도를 달렸지만 나이 들어 은퇴하니 크게 남은 것은 없었다. 반면 고향에 남아 나무를 심던 친구는 가치를 가늠할 수 없는 수백만 그루의 스기나무 숲을 남기게 되었다는 이야기이다.

이제 더 이상 농촌엔 희망이 없을까. 적절한 곳을 골라 잣나무, 편백나무, 관상수, 약용수 등을 심어 가꾸어 간다면 20년 후에는 어떻게 될까. 울창하고 아름다운 숲이 들어설 것이며 도시인들의 휴양지, 그리고 다양한 가공 사업까지 가능해 질 것이다.

어느 추운 겨울밤, TV에서 비타민 나무에 대해 소개하고 있었다. 원산지가 티베트로 중국, 몽골의 척박한 땅에서도 잘 자란다. 열매가 많은 효능을 가지고 있어 유럽이나 미국에서는 성분을 연구하여 건강식품을 만들어 수출한다는 것이다. 우리나라도 강원도 일부에서 재배되고 가공도 하고 있지만 공급이 부족하다고 한다. 척박하고 아무 곳에나 잘 자란다고 하니 연구해 볼 만하다고 생각된다.

폐허가 되어가는 고향마을에 다시 모여드는 사람들, 자연 휴양지, 청소년 야영장, 곤충 체험장, 숲속의 생태학교, 양봉, 유산양, 염소 등 나의 마음은 분주하다. 또한 은퇴자들과 젊은이들의 희망을 그려본다.

나무를 심는 사람

　프랑스 작가 장 지노오가 쓴 『나무를 심은 사람』은 이미 많은 분이 읽으셨을 것이다. 애니메이션으로도 제작되어 전 세계 사람들에게 큰 감동을 주었다. 이 소설은 제목 그대로 나무를 심는 한 사람에 대한 이야기다.

　주인공은 엘제아르 부피에, 나이는 55세로 되어 있다. 엘제아르의 하나밖에 없는 아들이 죽고 아내마저 세상을 떠나자, 그가 키우던 양들을 가지고 찾아간 곳은 나무 한 포기 없는 거친 산이었다. 야생 라벤더 외에는 아무것도 자랄 수 없는 곳이었다. 그 옛날 살던 마을은 다 없어지고 다 부서져 가는 집만이 듬성듬성 폐허가 되어 있었고 사람들은 도시로 다 떠나 버려서 아무도 살지 않는 황량한 산악지대였다.

나무가 없으니, 새들이 날아 오지 않았고 물론 산짐승들도 살지 못했다. 개울에는 물이 없어 모든 동물이 살지 못하는 곳이 되어 있었다. 그러나 엘제아르는 열악한 이곳에서 어느 날부터 나무 한 그루 없는 산에 나무를 심기 시작하였다. 그는 그곳에 어떤 나무들이 잘 자랄 수 있는지 묘목장을 만들어 시험을 하여 그중 도토리나무, 너도밤나무를 택하였고 습기가 많은 골짜기에는 자작나무를 심기로 하였다.

그는 제일 처음 도토리나무를 심기 시작하였다. 지팡이 대신 1.5m 정도 되고 굵기가 엄지손가락만 한 쇠막대기를 가지고 매일 매일 쇠막대기를 땅에 박아 구멍을 내어서 그 속에 도토리 한 알씩 심고 덮어 나갔다. 자기 땅도 아니고 누구의 땅인지도 알 수 없는 산에다가 그저 매일 도토리 100알씩 심어 나갔다. 그는 그 땅이 누구의 땅인지도 관심조차 없었다. 그저 끈질기게 도토리를 심어 나가기 시작하였다.

10년 넘게 끈질기게 그 일을 반복하였고 그 모든 변화는 아주 천천히 일어나기 시작하였다. 먼저 심은 나무들은 큰 나무들로 변해 있었고 나무를 심은 엘제아르보다 더 높이 자라가고 그 숲속을 거닐면서 하루하루 나무 심는 것으로 시간을 보냈다. 이 모든 것이 아무 기술적인 장비도 갖추지 못한 오직 한 사람의 영혼과 손에서 나온 것이라 생각하면 참으로 위대하지 않은가.

엘제아르는 꾸준히 실천해 가고 있었다. 엘제아르 만큼 자라나는 너도밤나무는 끝없이 펼쳐졌다. 아무런 대가를 바라지 않고 단순한 일을 고집스럽게 해나갈 뿐인데 아주 오래전부터 말라붙었던 개울에 물이 흐르고 바람이 씨앗을 퍼트려 주었다.

산새들이 찾아왔다. 물이 다시 나타나자, 그와 함께 버드나무 갈대 풀밭과 기름진 땅에 꽃들이 피었다. 그러나 그 모든 변화는 아주 천천히 일어나기 때문에 습관처럼 익숙해져서 사는 사람들에게는 아무런 놀라움을 주지 못했다. 그저 그 숲을 옛날부터 자연스럽게 생겨난 것처럼 생각할 뿐이었다.

35년을 그는 나무를 심는 일을 하면서 그동안 실의에 빠지거나 자신의 하는 일에 대해 의심을 품어 본 적이 없다. 그분의 마음은 하나님만이 아실 것이다. 엘제아르는 성공을 거두기 위해서 수없이 많은 어려움을 이겨내야 했을 것이고 그러한 열정으로 확실한 승리를 거두기 위해서는 절망과 고독과 싸워야 했을 것이다

그가 30년 넘게 심은 거리는 20km나 되는 반경이었다. 천연숲이 만들어진 것이다. 20년이 지난 1935년에 산림청 고위 관리와 국회의원 전문가들이 그 숲을 구경하러 왔다. 그는 20km 지점에서 그날도 나무를 심고 있었다. 그 산을 방문했던 산림 전문가와 국회의원 고위 관리자들은 엘제아르가 만들어 높은 숲을 보고 벌린 입을 다물지 못했다. 황무지였던 그 산들이 나무들로 뒤덮여

있었다. 그는 하나님이 보내준 일꾼 같았다.

전에 그 넓은 지역에 사람이라고는 단 3명만 살고 있었다. 그들은 난폭했고 서로 미워했으며 덫으로 사냥해서 먹고살았다. 육체적으로, 정신적으로 거의 원시적인 사람들이었다. 버려진 집들은 쐐기풀로 덮여 있었고 죽음을 기다리는 것밖에는 희망이 없었다.

하지만 모든 것이 변해 있었다. 공기마저 달라지고 그 옛날 메마르고 거친 바람 대신 향긋한 냄새를 실은 부드러운 바람이 불어오고 있었다. 물 흐르는 소리가 저 높은 언덕까지 들려오고 있었고 그 인근에 사는 마을 사람들이 희망을 품었다. 망가진 집들은 다 헐어 버리고 집 5채를 다시 지었다. 그 후 그 소문을 듣고 모여든 사람들이 28명으로 늘어났는데 그 가운데 젊은 부부가 4쌍이나 있었다.

산뜻하게 벽을 바른 새집들이 채소밭에 둘러 쌓여 있었다. 채소 밭에는 양배추와 장미, 파와 금어초, 셀러리와 아네모네 등 채소와 꽃들이 어우러져 가지런히 자라고 있었다. 그곳은 사람들이 살고 싶은 마을이 되어 있었다. 이 고장 전체가 건강과 번영으로 다시 빛나기까지는 8년밖에 걸리지 않았다.

폐허의 땅에서 잘 단장된 아담하고 깨끗한 농가들이 들어서 있어서 행복하고 안락하게 살아가고 있음을 보여주고 있었다. 비와 눈이 숲속으로 스며들어 옛날에 말라 버렸던 샘들이 다시 흐르기 시작하였다. 단풍나무 숲속에 있는 농장들은 모두 샘을 갖고 있었는데 맑은 샘물이, 융단을 깔아 놓은 듯이 싱싱하게 자라고 있는 박하풀잎 속으로 흐르고 있었다. 마을은 조금씩 되살아 났다.

땅값이 비싼 평야 지대 사람들이 이곳으로 이주하여 젊음과 활력이 넘쳐났다. 건강한 남자와 여자들 그리고 밝은 웃음을 터트리면서 시골 축제를 즐길 줄 아는 소년 소녀들을 길에서 만날 수 있었다. 즐겁게 살아간 뒤로 몰라보게 달라진 옛 주민들과 새로 이곳으로 이주해 온 사람들을 합쳐 1만 명이 넘는 사람들이 엘제아르 부피에 덕분에 행복하게 살아가고 있었다.

엘제아르 부피에는 50세에 나무를 심기 시작하여 37년 동안 눈을 감을 때까지 나무를 심다가 1947년 파리 바농 요양원에서 평화롭게 눈을 감았다.

나는 프랑스 작가 장 지오노가 쓴 짧은 단편소설을 읽고 깊이 감동하였고 앞으로 내 남은 삶 동안, 이 지역사회를 위해 내가 할 수 있는 일이 무엇인가 생각해 보는 시간이 많아졌다.

우리나라 전 국토의 70%을 차지하고 있는 산을 생각해 보았다. 우리 산은 반세기 동안 국가의 발전으로, 나무를 땔감으로 쓰지 않고 치산녹화 사업으로 지금은 울창한 숲으로 변해 있다. 그냥 산이라고 보지 말고 무궁무진한 자원이라고 생각해 본다.

가는 곳마다 울창한 숲이고 쓸모없는 칡넝쿨이나 잡초만 제거하면 무엇이든지 할 수 있다. 숲 언저리에는 방치된 논과 밭들도 있다. 약초와 약용수며 꿀벌도 키울 수 있고 초식 동물도 키울 수 있다. 이렇게 환경이 좋은 축복의 땅을 왜 모르는가. 조금만 다듬으면 아름다운 환경이 될 것이고, 건강한 환경 속에서 건강한 인생을 즐길 수 있을 것이다. 정부나 지자체가 조금만 이런 일에 도움을 준다면 지금보다 더 살기 좋은 우리나라가 되지 않을까?

젊은이들이여, 그리고 갈 곳 없이 방황하는 고령자들이여, 우리 국토의 70%가 산과 숲이다. 그 숲속에는 살아 숨 쉬는 온갖 미생물, 곤충들, 짐승, 산새와 식물들이 가득하다. 생명을 살리고 병을 고쳐 주고 삶을 치유해 주는 그 맑은 공기 속에 건강하고 행복하게 살고 싶지 않은가?

행복한 사람들

　2018년 7월 사회적 경제 박람회가 대구 엑스포에서 열렸었는데 그곳에서 눈길을 끌었던 것은 홍성의 '행복 농장'과 청송의 '해 뜨는 농장'이었다. 그들은 숲속을 이용해 신체적, 정신적 장애를 가진 이들을 위한 아름다운 교육장으로 활용하고 있었다.

　숲은 우리들뿐 아니라 소외당하고 희망을 잃은 사람들에도 희망을 줄 수 있는 곳이 된 것이다. 사회적 농업은 지난 정부의 100대 국정 과제 중 하나이기도 하였다. 우리의 숲은 이를 위한 좋은 터전이 될 수 있다고 생각한다.

　내가 다니는 교회에 권사 한 분이 계셨다. 예쁘고 찬양단도 이끌고 밖에서 봉사도 잘하시는 분인데 남편이 5년 전 사업에 어려움을 겪기도 하셨다. 어느 날 부부가 나를 찾아와서 느닷없이 300

평 정도 밭을 얻어 달라고 부탁하였다.

뜻밖이어서 무엇을 하시려 하느냐고 들으니, 고구마도 심어 보고 호박, 고추, 수박, 참외 등 여러 가지를 심어 보고 싶다는 것이었다. 농사를 지어 보셨냐고 하니 시골서 농사짓는 것을 보아왔고 어릴 때 부모님 일을 조금씩 도와주었다고 한다. 나는 농사는 아무나 짓기 어려우니 괜히 사서 고생하지 마시고 그 비용으로 좋은 것 사서 드시는 것이 돈 버는 것이라고 웃으면서 말씀드렸다. 하지만 권사님은 걱정하지 마시고 고생하는 것은 내가 할 테니 밭이나 얻어 달라고 재차 부탁하였다.

마침, 집에서 200m 떨어진 곳에 200평 정도 되는 밭이 2년 전부터 농사를 짓지 않아 풀밭이 되었는데 저 묵은 잡초 밭이라도 할 거냐고 권했더니 반값에 그 밭을 얻어 달라고 하여 주인에게 허락받았다. 두 부부는 이튿날부터 삽을 가지고 와서 풀밭인 땅에 풀을 다 제거하고 밭을 만들어 가기 시작했다.

나는 염려가 되었다. 그런데 부부는 제대로 된 농기구도 없이 삽 한 자루 호미 하나로 땅을 파 엎고 비료와 퇴비를 사서 넣고 두둑을 만들더니 고추, 고구마, 들깨, 애호박, 옥수수 등 이런저런 것을 심고, 풀밭을 매고 땅이 마르면 꽤 먼 곳에 있는 웅덩이에서 물통에 물을 떠 와서 밭에 물을 주고, 심어 놓은 작물마다 온갖 정

성을 쏟아 부었다.

나의 걱정은 감사와 응원으로 바뀌었다. 두 분이 열심히 풀 뽑고 물을 주고 비료를 주어 가꾸니 모든 작물이 풍성한 결실을 보았다. 그리고 열매와 채소를 수확해 교인들이나 이웃에게 나누어 주며 행복해하는 그 모습이 참 사랑스러웠다.

이런 것이 행복이구나. 부자는 아니지만 저렇게 땀 흘리며 농작물을 가꾸고 수확해서 이웃들에게 나누어 주는 모습이 무엇보다 행복해 보였다. 행복은 멀리 있는 것이 아니고 가까운 나 자신에게 있음을 두 분을 통해 알 수 있었다.

몇 년 전에 공주에 살고 있는 50대 정도 되시는 분이 내가 다니고 있는 교회 여자 목사님을 통해서 나를 한번 만나고 싶다고 하며 우리 농장에 찾아왔다. 얼굴은 백지장처럼 하얗고 몸은 가냘픈 몸매였고 전혀 노동일을 해보지 않은 사람이었다.

지금 무슨 일을 하고 계시냐고 물어보았더니 은행에서 20년을 근무하다가 45세에 명퇴하여 지금 3년 동안 아무것도 하지 않고 백수로 살고 있다고 했다. 그분이 부친에게 물려받은 산이 있는데 그 산을 이용해서 무엇을 했으면 좋겠는지 물었다.

산은 공주 시내에서 그리 멀지 않은 곳에 있었는데, 바위가 많고 이끼와 부처손이 바위를 뒤덮고 있는 사진을 나에게 보여주었다. 나는 그분에게 이렇게 약한 몸으로 무슨 일을 할 수 있겠냐고 물었더니 노동일을 해 보지는 않았지만, 할 수 있는 일이 있으면 무엇이든 열심히 해 보겠다고 열의를 보였다.

나는 그분에게 무슨 말을 해주어야 할지 잠시 생각하다가 내 생각을 솔직하게 말하였다.

"선생님은 그나마 부모에게 1만 평이나 되는 산이라도 물려받았다는 것만으로도 행복하게 생각하십시오. 그리고 돈을 벌겠다는 생각은 버리고 건강을 위해서 매일 산에 가서 더덕이나 장뇌삼, 하수오 등 약용 식물과 약용수를 하루에 10포기씩만 심어 나가십시오. 그러면 건강도 좋아지고, 시간이 지나 싹이 나오고 자라나서 꽃이 되고 열매 맺는 것을 보면 내가 왜 일을 해야 하는지 알게 되시고 보람도 찾을 것입니다."

그분은 내 이야기를 다 듣고 난 후 고맙다는 인사와 함께 식당에서 메기매운탕을 대접해 주셨다. 그 후 1년이 지나 그 분에게 전화가 왔는데, 산기슭에 장뇌삼과 더덕을 심었는데 신기하게도 잘 자라고 있다며 사진을 보내왔고 앞으로도 계속 심어 나가겠다고 말을 하면서 한번 시간이 되면 놀러 오라고 하였다.

나는 그 후 그분에게 가보지 못하였고 그분의 생각을 까맣게 잊고 있었는데 5년 후 그분에게 다시 전화가 와서 받아 보았더니

5년 전에 심었던 더덕이며 장뇌삼을 비싼 가격으로 판매하기 시작했으며 내년부터 꽤 많은 수입이 될 것 같다고 말하면서 건강도 좋아지고 일하는 보람도 있고 행복을 느낀다고 하였다.

처음 나를 찾아왔을 때는 남자로서 하얀 피부에 갸날픈 몸이라 아무것도 할 수 없을 것 같던 사람으로 보였지만, 내가 권하는 방법으로 산에 가서 매일 일하면서 자기도 이제 농사꾼이 다 되었다고 행복한 웃음을 짓는 것을 볼 때 그 표정이 너무 행복해 보였고 자신에 차 있는 모습이었다.

지금 우리나라에는 지난날의 그분처럼 수없이 많은 사람들이 50살 전에 명퇴하고 직장을 그만두는 사람이 많다. 내가 살고 있는 지역에도 그런 분들이 많이 보인다. 한때는 잘나가던 중고등학교 교장, 초등학교 교장, 읍장, 국장, 과장까지 하던 분들이 정년 퇴임 후 아무것도 하지 못하고 돌아다니는 것을 보면 서글픈 마음이 앞서 나의 눈에는 불쌍하게 보일 뿐이다.

그런 분들이 갈 곳이 없어 부동산 사무실이나 다방에서 고스톱을 치면서 소일하는 모습도 보이고, 읍장에서 국장까지 했던 분이 퇴임 후 손에서 일을 놓고 있으니 자연히 몸이 좋지 않아 지금은 요양원에서 치료받고 있는 것을 보았다. 나는 인생 후반의 삶이 더 중요하다는 것을 느꼈다.

우리나라는 하나님의 축복을 받은 나라다. 도시를 벗어나면 우리의 영혼을 정화해 주고 새롭게 눈뜰 수 있게 해주는 수많은 산야가 있지 않은가. 맑고 깨끗하고 공기 좋은 산야에서 땀 흘리며 일하는 노동의 가치가 얼마나 귀한 것인지 알게 된다면 돈이 전부가 아닌 진정한 삶의 행복을 얻을 수 있지 않은가.

지금 우리나라는 사회적 기업을 권하면서 일자리 창출을 외치고 있다. 몇 년 전 내가 알고 있는 분이 사회적 기업을 한다고 시에서 자금을 지원받는 것을 보았는데 그 내용을 옆에서 지켜보니 한심하기 이를 데가 없었다. 호박을 조금 심어 놓고 그 호박을 가공해서 판매하는 사업인데 그곳에 투자되는 인건비며 가공하는 기계까지 지원받아 형식적으로 만들어 놓고 서류상으로만 맞추면 되는 것이다.

시에서 감독 조사 나올 직원들은 현장 답사도 하지 않고 서류상으로만 맞춰 가면 되는 것이었다. 옆에서 지켜본 나는 한심하기 짝이 없었다. 결국 국고만 손실되는 것을 보았는데 그뿐만인가, 어떤 분은 15명의 명단으로 협동조합을 만들어 놓고 수억 원 자금을 타 내어 기계며 모든 것을 형식적으로 갖추어 놓고 사업을 벌였지만 모두 쓸모없는 고철 덩어리로 되어 있는 것을 보았다.

사회적 기업으로 고령자들의 일자리를 창조한다고 엄청난 국민 세금이 연기처럼 사라지지 않는가. 가까운 내 주위에도 그런 일이 많은데 우리나라 전 지역에 지원되는 사회적기업에 대한 자금이 얼마나 쓸모없이 사라져 가는지 걱정이 된다.

나는 이런 자금이 우리나라 국토의 70%를 차지하고 있는 산을 이용한 투자에 사용된다면 성공할 수 있을 거라고 확실히 믿는다. 산에다 투자하는 것은 긴 시간이 걸리겠지만 아름다운 경관을 만들어 관광 수입을 늘릴 수 있고 산야에서 생산되는 건강한 먹거리를 가공하여 높은 수입도 만들 수 있다.

    사회적 기업의 목적이 사회적 가치를 실현하는 동시에 수익을 창출할 수 있는 기업을 만드는 것이다. 노동을 통해 진정한 행복을 찾을 수 있는 사회적 기업을 수없이 만들 수 있다면 얼마나 좋을까.

도전하는 사람

　오래전에 경북 영양군 일월면에 있는 일월산으로 여행을 갔다. 우리나라 백두대간으로 알려진 태백산맥은 강원도에서 뻗어 내려와 경북 영양에 와서 일월산 1,200고지가 솟아 있고 일월산에서 시작이 되는 실개천이 내를 이루어 임하댐에 다다르고 임하댐에서 다시 안동댐으로 흘러 들어가 낙동강으로 흐르고 있다.
　일월산은 영양군 일월면과 수비면에 걸쳐 높이 솟아 웅장함과 거대함이 극치를 이룬다. 동쪽으로 동해가 바라 보이고 해와 달이 솟는 것을 먼저 본다고 하여 일월산이라고 부른다. 일월산에는 산머루, 다래 등 다양한 약초와 온갖 식물들이 자라고 있다. 높이 솟아 있는 일월산 아래 첫 마을은 벌써 초가을이 찾아 들고 높은 고지에는 나무들이 붉게 물들여지고 있었다.

일월산 아래 첫마을은 30여 호, 마을 사람들이 산자락에 붙어 있는 밭에다가 고추 농사, 담배 농사, 고랭지 배추 농사를 지으면서 평화롭게 살아가고 있었다. 나는 마을 앞으로 흐르는 실개천 주위에 텐트를 치고 2박 3일 동안 머물면서 쉬다 갈 계획을 세우고 있었다. 텐트 속에서 하룻밤을 자고 일어나 마을 사람들을 만나 대화를 나누면서 내가 이곳에 여행을 온 목적을 이야기하고 그들의 삶 속의 이야기를 들어 보았다.

초가을 일월산 7부 능선 고지에는 산머루가 한참 익어 가고 있었다. 나 역시 배낭을 메고 산머루를 따려고 산속을 헤매고 있는데 저 멀리 숲속에서 무엇인가 희미한 물체가 움직이고 있었다. 가까이 가서 살펴보니 나이 50 정도 되는 젊은 분이 한 손에 호미를 들고 땅을 파면서 무엇인가 열심히 심고 있었다.

열심히 일하고 있는 그분에게 호미를 가지고 땅에다가 무엇을 심고 있는지 물어보았더니 장뇌삼을 심는다고 했다. 그분의 손을 자세히 보니 한 손에는 호미를 들고 다른 한 손에는 장뇌삼 묘목을 손바닥에 한 움큼 쥐고 있었다. 호미로 땅을 파더니 그 주위에 잘 부숙된 낙엽 퇴비를 흙을 파낸 자리에 넣고 그 위에 장뇌삼을 심고 살짝 덮어 주는 것이었다.

그의 주위에는 산양 3마리가 한가로이 풀을 뜯어 먹고 충실한 개 한 마리가 주인 곁을 오가면서 양을 지키고 있었다. 그는 얼굴에 흐르는 땀을 수건으로 문지르면서 나에게 목마르지 않으냐고 물으며 물병과 산양유를 건네주었다. 이 높은 일월산 아래 첫마을에는 젊은 사람들은 없었고 70대 이상 노인들만이 서로서로 의지하면서 살아가고 있었다. 지금 장뇌삼을 심고 있는 50대 이 분은 이 마을에서 제일 젊은 분이었다.

나는 그분과 서로 대화를 나누면서 가까워졌고 그의 집에서 하룻밤을 쉬게 되었다. 그가 안내한 집으로 가보니 오래전에 폐가가 된 집을 혼자 힘으로 새롭게 고치고 손질하여 사용하고 있었다. 지붕은 함석으로 덮어 빨간 페인트칠을 하였고 집안은 잘 정돈되어 있었다. 작업복을 입고 신발 신은 그의 차림도 단정해 보였다. 집 밖 우리 안에는 산양이며 토종닭 오골계가 있고 그가 기르는 개는 진돗개라 하는데 내가 있어도 으르렁거리지 않고 나에게 꼬리를 흔들면서 상냥하게 굴었다.

그날 그분이 해주는 하얀 쌀밥에 산에서 자라는 더덕과 산나물 반찬은 오래도록 잊을 수 없는 맛이었다. 저녁 식사를 끝내고 그가 타주는 차를 마시면서 대화가 시작되었다.

이름은 김경배, 나이는 56세라고 하였다. 경기도에서 직장 생활을 하다가 간암 판정을 받고 수술하였으며 더 이상 직장생활을 할 수가 없어 짐을 싸서 부모가 살고 있는 영양군 일월면으로 오게 된 것이라 했다. 부모와 같이 1년 동안 생활하다가 그리 멀지 않은 곳에 있는 문중 땅 10만 평을 장기 임대하여 2년 동안 산에다가 장뇌삼, 더덕, 하수오 등 약초를 매일 정성스럽게 200개에서

300개 정도 심는다고 하였다.

　대화를 나누는 그의 모습은 건강해 보였고 평화로워 보였다. 그는 앞으로 10년 계획을 세우고 이 일을 시작했다고 하면서 앞으로 이 산은 무한한 가치가 있는 산이 될 것이라 말했다. 그의 집 주위에 있는 밭에는 장뇌삼, 더덕, 도라지, 하수오, 잔디 등 묘목판을 만들어 놓았는데 어린 묘들이 잘 자라고 있었다.

　그 이튿날도 그의 집에 머물면서 가족관계를 물어보았다. 부인과 자녀 남매는 아직도 경기도 화성에 살고 있다고 했다. 도시에서 가정을 이루고 잘 살아가고 있었지만 갑작스러운 암 판정을 받고나서 모든 계획이 물거품이 되고 건강도 점점 더 나빠져 가고 이러다가 죽겠다고 생각하니 우울증까지 생기게 되었다고 한다.

　더 이상 버티기 힘들어 죽는 날만 기다리다가 어떠한 계기가 되어 부모님이 계시는 고향으로 내려와서 부모님 일을 도와주면서 맑은 공기를 마음껏 마시고 산에서 나는 온갖 산채와 약초를 반찬으로 먹고 살다보니 우울증도 사라지고 몸도 점점 회복되어 더 공기가 좋은, 깊은 산골로 가기로 마음먹고 지금 이곳으로 오게 되었고 주어진 일과 삶에 최고의 보람을 느낀다고 하였다.

　그분은 다시 내게 말하였다. 10년 후면 이 산 모두가 무한한 가치를 지닌 보물의 땅이 될 것이라 했다. 하루에 200개에서 300개씩 약초를 심어 나간다면 1년에 10만 모 가까이 심는다고 하였다. 그중에 들쥐나 산짐승들이 반 이상 먹는다고 해도 3만 개 이상은 남아 있다고 하면서 10년 후면 엄청나게 많은 약초들이 자라날 것이라고 하였다.

그분은 하루는 양지쪽에서 잘 자라는 잔디, 하수오를 심고 또다시 하루는 그늘진 곳에 더덕을 심고 활엽수가 많은 곳은 장뇌삼을 심는다고 하였으며 10년간의 계획을 세우고 천천히 서두르지 않고 그 일을 진행하고 있었다. 햇빛이 눈부시게 쏟아지는 9월의 일월산은 아름다웠다. 나는 3박 4일 동안의 여행을 마치고 그분과 헤어져야만 했다.

나는 집으로 돌아와 열심히 살다가 어느 날 문득 10년 전 일월산 여행 중 만났던 김경배라는 사람이 생각났다. 지금쯤 어떠한 모습으로 살아가고, 변해 있을까 궁금하여 다시 며칠간의 계획을 세우고 일월산으로 찾아가기로 결심하였다. 다시 배낭을 메고 일월산으로 찾아갔을 때 그곳은 10여 년 전과 변함이 없었다. 일월산 정상에는 회색빛 안개 같은 것이 융단처럼 산등성이를 덮고 있었다.

나는 여기 오기 전부터 넓은 산자락에 장뇌삼과 온갖 약초를 심고 있었던 김경배라는 사람을 생각하며 잘 자라고 있을까 궁금하였다. 산에 올라가 김경배씨를 다시 만나보니 건강은 더욱더 좋아 보였고 약초 재배는 물론이고 벌꿀을 수십 통 키우고 있었다.

약초 재배는 10년 전의 계획대로 잘 진행되고 있었다. 일월산 넓은 산자락을 3구역으로 나눠서 양지쪽에서 잘 자라는 식물, 음지쪽의 약용 식물, 습한 곳에서 잘 자라는 약초들로 온 산이 장관을 이루고 있었다.

나는 이 모든 것이 그 사람의 영혼에서 나온 것으로 생각하면서 인간은 파괴가 아닌 이러한 분야에 신처럼 유능해질 수 있다고 생각했다. 그는 자기의 뜻을 굽히지 않고 꾸준히 실천해 가고 있었다. 그는 잘 자란 장뇌삼 밭을 보여 주었다. 창조는 꼬리를 물고 새로운 결과를 가지고 온 것 같았다. 그는 자만하지 않고 더욱더 열심히 일하고 있으며 수입도 많아졌다고 내게 귀띔하였다.

나는 그분과 함께 마을로 내려오다가 시야에 펼쳐지는 실개천의 맑은 물과 주위에 펼쳐진 아름다운 모습을, 넋을 놓고 바라보았다. 마을에 와서 보니 10년 전에 알고 지내던 노인이 3분이나 돌아가셨다고 하였다.

마을 사람들을 만나보니 비록 나이는 많았지만, 얼굴에 생기가 돌고 희망찬 얼굴이었다. 동네 사람들이 모두 모여서 관광객들이 일월산에 여행을 와서 버리고 간 온갖 쓰레기를 줍고 있었다. 마을 앞에 있는 1,000평의 밭에는 일월산에서 잘 자라는 약초들의 묘상을 마을 공동으로 운영하고 있었다. 마을 사람들은 김경배씨를 지도자로 선출하고 마을 공동으로 국유지 산을 임차해서 장뇌삼, 하수오 등 온갖 약초 재배를 공동으로 하고 있었다.

마을 한가운데는 공동 약초 1차 가공 공장이 세워졌다. 마을 사람들은 공동으로 생산된 약초들을 1차 가공하여 대구 약천시장이

나 안동 등 대도시에 판매하여 많은 수입을 올리고 있었다. 한 가정에 2천만 원 정도의 수입이 돌아간다고 나에게 귀띔해 주었다.

이 마을이 건강하게 번영하고 희망으로 빛나기까지는 10년도 걸리지 않았다. 마을은 생기가 넘치고 잘 단장된 아름답고 깨끗한 농가들이 행복하고 안락하게 살아가고 있었다. 변화는 물결처럼 일어나고 있었다.

김경배씨의 부인과 아들 부부가 이곳으로 이주해 왔고 또 젊은 귀농인들이 스스로 지원해서 이곳으로 이즈해 왔다. 10년 전 30가구도 안 되었던 마을은 40여 가구로 늘었고 아기들의 웃음소리, 울음소리가 들려왔다. 우리나라 제일의 오지이며 산골짝인 일월산 첫 동네에 활기가 넘치고 생기가 돌고 가는 곳마다 아름다운 꿈들이 피어나고 있었다.

마을 사람들은 김경배씨를 중심으로 다시 앞으로의 10년 계획을 세우고 있었다. 일월산의 아름다운 환경을 이용하여 관광객이 쉬어 갈 수 있는 쉼터를 만들고 일월산에서 지천으로 자라나고 생산되는 산머루를 체계적으로 재배하여 산더루 주, 와인까지 만들어 가겠다는 계획을 세우고 있었다. 김경배씨 한 사람의 헌신과 노력이 이 마을 사람들에게 용기와 희망을 주었고 전국에서 최고의 소득을 올리는 마을로 변해 가고 있었다.

땅값이 싼 이곳의 넓은 땅을 구입하여 밀원을 조성하여 벌꿀을 키우고 흑염소들을 키워 소득원을 만들고 산양을 키워서 도시로 판매하는 계획까지 세워가는 이곳은 희망의 웃음소리가 들리고 활력이 넘쳐, 하루하루가 축제의 날 같았다.

누구라고 할 것 없이 서로가 솔선수범하여 아름다운 일월산을 지키고 환경을 살리는 일에 앞장서는 모습이 참 아름다웠다. 동네 한가운데는 분리수거된 온갖 쓰레기들이 잘 정돈되어 있었고 유리병, 페트병 등 재활용할 수 있는 것들은 철저히 분리해 마을 사람들이 이익금으로 만들어 가고 있었다. 이처럼 김경배씨와 같은 지도자가 있기에, 이 산골 마을은 희망과 미래를 바라보는 마을로 변해가고 있었다.

나는 우리나라 6~70대의 베이비부머 세대들에게 우리나라 전 국토의 70%를 차지하고 있는 산과 숲에 김경배씨 처럼 도전해 볼 것을 권장하고 싶다. 우리나라 농촌 산과 숲이 희망과 용기를 주는 기회의 땅인지 사람들은 의아해한다. 4차 산업 시대에 산과 숲이 무슨 경쟁력이 있는지 묻는다.

수없이 많은 사람들이 귀농하였다가 실패하고 빈손으로, 다시 도시로 떠나가는데 산과 숲이 무슨 희망이 있느냐고 말하지만, 내 생각은 다르다. 정말 알아야 할 것을 알지 못하기 때문에 그런 것으로 생각한다. 정보와 지식을 기반으로 하는 4차 산업 시대라 할지라도 농업은 더 소중해지고 산과 숲은 그 진가를 발휘하게 될 것이다.

인간의 DNA 속에는 산과 숲을 그리워하고 전원생활을 동경하는 그리움이 있다. 우리 조상들은 수십만 년 동안 숲에서 살고 자연 속에서 살아왔기에 우리 인간의 DNA 속 깊숙이 자리 잡고 있는 그리움이 남아 있기 때문이다. 그렇기 때문에 문명이 발달할수록, 4차 산업이 다가올수록 사람들은 산과 숲, 농촌 등 자연을 찾아가게 된다. 앞으로는 산과 숲에 많은 일자리가 필요하다. 이것을 우리 세대가 꼭 알아 두어야 한다.

나는 우리나라 800만의 베이비 부머 세대들에게 외치고 싶다. 산과 숲, 강이 있는 곳으로 가서 제2의 인생을 꿈꾸어 보자고.

자연인과 장뇌삼

    나는 TV 프로그램 '나는 자연인이다'를 자주 시청한다. 한때는 40대 이상 남녀 시청률 1위를 달리는 프로그램이었다고 한다.
    자연인의 사연을 들어보면 사업에 실패, 가족과 헤어짐, 질병 등으로 산속에 들어온 경우가 대부분이다. 하지만 자연 속에서 평온하고 근면하고 단순한 생활을 하며 잃어버린 건강을 회복하고 행복한 삶을 살고 있는 모습을 보여 준다.
    중년층 대부분이 한 번쯤은 나도 자연인이 되면 어떨까 하는 희망을 가질 때가 있다. 나 또한 프로그램을 시청하고 나서, 항상 조급하고 무엇인가에 쫓겨 가며 살아가는 삶을 정리하고 깊은 산골에 가서 터를 잡고 자연을 벗 삼아 살고 싶다는 생각을 하였다. 약초를 수집하고, 약용식물도 재배해 보고 온갖 산나물을 재배하고 생산하면서 살아갈 수 있다면 얼마나 좋을까?

　현재 우리나라는 세계에서 잘 사는 나라의 하나로 성장하였고 건축 기술이 발달하면서 모든 주택과 아파트 등 건물 안에서 의식주의 대부분을 해결할 수 있다. 전 국토를 가로지르는 고속도로며, 산업도로, 거미줄같이 연결된 지방도로 위로 수많은 차가 달리고 있으니 참으로 살기 좋은 나라가 되었다.

　도로 위를 자동차로 달리다 보면 울창한 숲이 있는 산들과 들판이 스쳐 지나간다. 옛날처럼 나무를 베어 땔감으로 사용하지 않기 때문에 산들은 어디 가든지 사람들이 들어갈 수 없을 정도로 울창한 숲과 잡목들로 우거져있고 나무 아래는 나물과 버섯과 열매들이 가득하다.

　길에 차를 세워놓고 산속을 100m 이상 올라가면 산속은 마치 세상과 단절된 느낌마저 들 정도로 숲과 나물들로 꽉 차 있다. '나는 자연인이다.' 방송처럼 누구든지 마음만 먹으면 자연인이 되어 살아갈 수 있는 곳이 어디든지 많이 있다.

　도시에서 고달픈 삶을 살아가는 많은 중년층이 꿈꾸는 자연 속의 건강한 생활을 작은 자본으로도 시작할 수 있을 것이며, 산과 자연을 이용해서 약용식물 재배, 산나물, 약용수 등을 재배한다면 수입도 올릴 수 있을 것이다.

2015년 농어민신문사의 홍 기자님과 함께 팔당댐 수문에서 좌측에 위치한 도로를 타고 가다 보면 나오는, 유기농 채소 재배를 하는 농장을 견학하였다. 견학을 마치고 돌아오던 중에 도롯가에 장뇌삼이라는 식당 간판이 보여서 호기심에 차를 세우고 그곳에서 점심 식사를 하게 되었다.

식당 주인은 젊은 여자분이었는데 그분의 안내로 식당 뒤쪽, 울창한 숲에 있는 장뇌삼 재배지를 구경하였다. 식당 주인은 10년 전부터 이곳에 정착해 장뇌삼을 재배하여 닭백숙이나 오리백숙 등에 넣어 음식과 함께 판매하여 상당한 소득을 올리고 있었다.

우리는 농법을 알아보았다. 우선, 인삼 씨앗을 밀가루나 옥수수가루에 섞어 반죽하여 사료를 만들어 오리에게 먹인 후, 오리가 그 인삼 씨앗을 먹고 얼마간 시간이 지난 후 배설하면 그 배설물을 햇볕에 말리고 인삼 씨를 골라낸다. 그 씨앗을 낙엽이 쌓여서 숙성된 곳에 심으면 발아가 시작되는데, 원래 인삼 씨앗은 껍질이 단단해서 그대로 땅에 심으면 발아가 잘되지 않지만 오리나 닭의 내장을 거쳐 나오면 그대로 휴면이 되어 바로 씨앗을 심어도 발아가 잘 된다는 것이다.

깊은 산에 산삼이 나는 것은 새가 산삼의 열매나 인삼의 열매를 먹고 깊은 산에서 배설하기 때문이라는 것이다. 그 원리로 인삼 씨를 사료로 오리에게 먹여 재배하게 되었다는 것이다.

장뇌삼은 소나무가 많은 곳은 피하고, 낙엽이 쌓이는 활엽수가 많은 지역에 씨앗을 심고 기다리면 장뇌삼 밭이 되어가고 그것이 자라면 해마다 수확해 판매할 수 있다고 한다. 또한 주인처럼 장뇌삼을 곁들인 음식을 팔아 일석이조의 효과를 올릴 수도 있다.

나는 잠시 자연인이 되는 꿈을 꾸었다. 장뇌삼뿐만 아니라 더덕, 도라지. 하수오 등 수많은 약용 식물을 자연에서 키우며 건강한 생활과 함께 소득을 얻게 된다면 일석이조가 아닌가.

자연인이라고 하면 어떤 선입견부터 들기 쉽지만, 우리나라는 산이 많고 자연 여건이 좋아서 그곳을 이용한 소자본 농업을 시작하기 쉽지 않을까 생각된다.

희망을 주는 사람들

　사람은 음식이 없어도 40일을 살 수 있으며 물이 없어도 4일은 살 수 있고 공기가 없어도 4분은 살 수 있지만 희망이 없으면 4초 밖에 못 산다는 말이 있다.
　1967년 청양 구봉 광산에서 지하 탄광이 무너져 김창선씨가 지하 125m 굴속에 갇혔는데 전 국민의 관심 속에 김창선씨를 살리려는 필사적인 노력으로 굴을 파고 들어가 16일 만에 극적으로 구해냈다. 관을 통해서 우리가 당신을 구하려고 땅을 파고 들어가고 있으니 살아 있으라고 하여 물만 마시고 16일 이상 굴속에서 살아 있었던 것이다. 희망이 있으면 어떠한 죽음의 조건 속에서도 살아남을 수 있으며 희망이 있으면 극한 상황 속에서도 그것을 극복할 수 있는 힘이 생긴다.

넬슨 만델라는 남아프리카의 극단적 인종차별 정책인 아파르트헤이트에 반대해 싸우다가 종신형을 선고받아 사방이 막혀있는 독방에서 감옥 생활을 하였다. 바로 서지도 못하는 좁고 낮은 독방 감방에서 어떻게 27년여 동안 살아남을 수 있었을까? 그것은 바로 희망이었다고 한다. 독방에 갇힌 후 어머니가 돌아가시고 큰아들마저 사고로 죽었지만, 장례식에도 참석할 수 없었다. 감옥생활 14년째 큰 딸이 자식을 낳아 이름을 지어 달라고 찾아왔을 때 만델라는 빙그레 웃으면서 쪽지를 건네주었다고 한다.

아즈위Azwie: 희망

그 후 석방이 되었고 남아프리카 공화국 대통령이 되었다. 만델라 대통령은 수많은 흑인과 세계인들에게 희망을 주는 대통령으로서 세계 역사에 길이 남게 되었다.

1620년 9월 100여 명의 영국의 청교도들이 신앙의 자유와 희망을 찾아 그리 크지도 않은 배를 타고 신대륙을 찾아 떠나 3개월의 고된 항해 끝에 마침내 희망의 땅에 도착하였다.

청교도들은 새로 정착한 땅에서 추위와 질병과 굶주림뿐만 아니라 인디언의 습격으로 사랑하는 가족을 절반이나 잃었다. 그러나 그들은 나무를 베어 집을 짓고 땅을 파는 고된 노동과 추위와 굶주림 속에서도 피땀 흘려 일하여 거두어들인 첫 수확을 가지고 하나님 앞에 감사 예배를 드렸다. 추수한 곡식은 보잘것없었지만 험한 환경 속에서 희망과 용기를 주신 하나님 앞에 감사 예배를 드렸던 것이다.

오늘날, 이 땅에 살아가는 사람들은 물질문명의 혜택 속에서 너무나 많은 것을 누리며 살아가면서도 감사할 줄 모르고 희망도 없이 너무나 메마르게 살고 있다. 인간은 아무리 많은 것을 가져도 희망이 없으면 절망으로 가는 기차를 타고 가는 것과 같다. 희망이 있으면 어떠한 어려운 조건 속에서도 힘차게 앞으로 나갈 수 있다. 희망이 있는 곳에는 살길이 있는 법이다. 희망은 지금보다 좀 더 나아질 수 있다는 믿음이다. 가난한 사람도 언젠가는 잘 살 수 있다는 희망이 있기 때문에 인내하며 이겨 낼 수 있다.

실패해도 다시 할 수 있다는 희망이 있기 때문에 칠전팔기의 용기를 가지고 새출발을 다짐하는 것이다. 희망은 약한 자에게 용기를 주고 가난한 자에게도 꿈을 주고 불행한 자에게는 위안을 주며 병든 자에게는 소망의 빛을 주는 것이다. 희망이 있는 한 어떠한 어려움도 역경도 돌파할 수 있고 무서운 고난과 시련도 극복할 수 있다.

그런데 희망이 우리를 속이고 배신할 때도 있다. 희망을 품고 열심히 일하여 농사를 지어 놓았는데 태풍과 장마, 가뭄 등으로 희망을 여지없이 밟아 버린다. 사업이나 장사도 마찬가지다. 이 세상 살아가는 모든 일들이 희망을 품고 시작했다가 여지없이 실패하여 생의 의욕을 잃어버리고 기력을 상실하게 되는 일이 수없이 많다.

그러나 우리는 마음을 가다듬고 기다리면서 새로운 희망을 품고 다시 전진해야 한다. 우리의 살길을 열어 주는 것은 절망이 아니라 희망이기 때문이다. 희망을 잃어버리는 것처럼 무서운 것은 없다. 희망이 있으면 고난과 시련과 어려움이 있어도 이것을 극복해 나갈 수 있다. 우리들은 언제든지 밝은 희망을 품고 살아가야만 한다.

내일 지구의 종말이 올지라도 나는 오늘 한 그루의 사과나무를 심겠다는 스피노자의 말처럼 우리 모두 미래에 대한 희망을 품고 행복한 인생을 살아갈 수 있기를 바란다.

귀농 계획

    도시에서 할 일 없이 지내는 것보다 시골에서 농사를 지으며 여유 있게 사는 것도 좋아 보여 귀농을 생각해 보지만 걱정부터 앞선다. 도시에서 자라 농사 경험도 없고 땅도 마련해야 하는데 자금이 만만치 않다.

    사실 농사를 지어서 이익을 낸다는 것은 쉽지 않다. 평생 농사를 지어 온 달인들도 수입을 잘 내지 못하는 것이 현실이다. 자칫 큰 적자를 볼 수도 있다. 아무리 농사가 잘되어도 가격이 폭락하면 적자가 나고, 폭우, 가뭄, 태풍 등 예측할 수 없는 자연재해를 피하기 어렵기 때문이다.

    그래서 처음엔 적은 자본으로 백여 평 미만의 땅으로 출발하는 것이 좋다. 그리고 인건비 상승 때문에 부부 혹은 혼자서 경작하는 것이 바람직하다. 다만 밭을 갈고 로터리를 치는 것은 품이 많이 드는 것이니 가까운 곳에서 농기계 서비스를 받을 수 있는지 대책을 마련해 놓는 것이 좋다.

농사에 필수적인 것은 물이다. 작물이 타들어 갈 때 먼 곳에서 물을 길어 오는 것은 힘든 것이기에 주변에 샘이 있는지 지하수를 파야 할지 결정해야 한다. 농자재, 종자, 모종, 비료, 농약 등을 어디서 구매하는지 알아야 한다.

농협에 가입하면 무엇이 좋은지 알아보는 것도 좋다. 자가소비를 위해 재배하는 것이 아니라면 판로와 방법을 미리 숙지하여야 한다. 소규모로 시작하는 것이라면 옛날 어깨너머로 보아온 부모님의 방식을 생각하며 따라 해 보는 것도 괜찮다. 이웃에 물어 볼 수도 있다.

하지만 본격적으로 농사를 지어 수익을 올리려는 경우라면 정보를 얻어 적극적으로 기술을 향상해 나가는 것이 좋을 것이다. 작물마다 특성과 개성 그리고 시장성을 파악해서 무엇을 언제 심을지 결정해야 한다.

농사는 오랜 경험과 그 바탕 위에 스스로 터득한 노하우가 있어야 유지할 수 있다. 그리고 농자재, 종자 가격은 물론 씨앗으로부터 싹을 틔우고 키우며 관리하는 시기와 방법 등을 터득하고 수확 판매하는 기술까지 익혀야 할 것이다. 그리고 작물이 잘 자랄 수 있도록 땅을 만드는 것이 중요하다. 토질에 따라 어떤 작물을 심을 수 있는 땅이 되기도 그럴 수 없는 땅이 되기도 한다. 어떤 작물에 언제 어떤 비료를 주고 어떻게 병충해와 잡초를 방지하는지 알아야 한다. 땅이 있다고 농사를 지을 수 있는 것이 아니다. 농사에 대한 기초를 알아야 한다. 농업도 배워야 할 기술이고 과학이다.

노하우

노하우knowhow는 수많은 실패와 경험을 거치면서 체득한 자기만의 방식이다. 남보다 앞서가며 많은 소득을 올리는 전문 농사꾼들은 노하우를 갖고 있는 것이 보통이다.

친구인 김은규씨는 78세로 시설 하우스 1,000평에 토마토만으로 1년에 1억 정도로 이익을 내고 있다. 이분은 20년간 오직 토마토만 재배해 시장에 출하시키고 있다. 토마토는 시장에서도 꾸준히 판매되고 인기가 좋은 품목 중 하나이기도 하다.

그분의 토마토는 2배 더 높은 가격으로 경매장에서 판매가 되고 있는데 이유가 있다. 당도가 더 높고 신맛이 없으며 맛이 좋아 그분이 생산한 토마토를 먹고 다른 농가와 비교하면 확연한 차이를 느끼게 된다. 또한 선별 포장 색깔이 경매인들의 눈길을 끌어

서 높은 가격임에도 불구하고 그 집 토마토를 선택한다.

70세 넘는 나이에도 부부가 토마토 농사 하나로 성공했다고 할 수 있다. 그러나 이분들이 처음부터 잘한 것은 아니다. 20년 넘게 수많은 실패를 통해 원인을 분석해 찾아내면서 노력한 끝에 토마토 재배의 전문가가 된 것이다. 노력은 배신하지 않는다. 성공한 농업인들의 노하우는 많은 실패와 꾸준한 노력 속에서 얻어진 결과일 것이다.

김원용씨도 연수익이 1억이 넘는데 69세로 꽃 농사를 하고 있다. 600평 자동화 시설에서 미니카네이션과 국화를 재배·판매하고 있다. 미니카네이션은 특히 꽃 재배 중에서도 제일 어렵고 손이 많이 필요하다. 자동화된 시설 하우스에서 그는 일꾼 없이 혼자 일한다.

11월에 씨를 파종하여 그 이듬해 5월 어린이날, 어버이날, 스승의 날에 맞추어 카네이션을 내놓는다. 그때가 성수기라 장사꾼들로 붐빌 수밖에 없고 더 높은 가격으로 팔 수 있다. 그분은 6개월간 작은 하우스에서 온도, 습도 등 철저한 관리를 하여 5월에 출하할 수 있는 나름의 노하우를 가지고 있기 때문이다. 이런 노하우는 하루아침에 얻을 수 있는 것이 아니다. 30년 이상 수많은 실패와 시련 속에 얻은 노하우로 최고의 카네이션 재배 농업인이 된 것이다.

위기나 시련이 올 때 적절한 기지를 발휘해 대응하는 것도 노

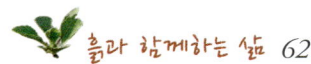

하우라 할 수 있을까? 어떻든 이것도 실패와 경험을 통해 체득하는 것으로서 참고할 만하여 소개한다.

2017년 가을은 농민들에게 절망적이었다. 가을배추, 무, 모든 잎채소, 과일이 폭락 시세였다. 트랙터로 갈아엎고, 심지어 수확한 감을 쏟아 땅에 묻어 버렸다. 창고에서 썩는 과일들을 폐기 처분하는데도 인건비며 비용을 써가며 버려야만 했다. 애써 농사지은 채소, 과일들을, 제값을 못 받고 폐기 처분하는 농민들은 피눈물 흘리는 심정이었다.

정부도, 어느 누구도 대책을 세우지 못해 농민 스스로 살길을 찾을 수밖에 없었다. 그런데 그런 절망적인 상황에서도 수입을 올리는 농민이 있었다. 밭에서 배추 한 포기에 몇백 원에도 팔리지 않아 갈아엎는 때에, 1포기에 2,000원에서 3,000원 받고 판매하는 농민이 있었다. 이분의 배추밭에는 현수막이 걸려 있었다.

**'유기농법과 유황으로 재배한 배추로
아토피를 예방하고 건강을 지켜주는 배추'**

이분은 만 포기가 넘는 배추를 심었는데, 다른 배추는 농민들이 눈물을 흘리며 폐기하고 있을 때 이 배추는 높은 가격임에도 불티나게 팔리고 있었다.

일본에서 있었던 일이다. 어느 과수원의 사과가 태풍에 떨어져 10% 정도밖에 남지 않았다. 일 년 내 공들여 가꾼 사과가 90%나 떨어져 버린 것이다. 이런 자연재해 속에서 과수원 주인은 재미있는 아이디어를 내었다.

'합격 사과'

남아 있는 사과는 강력한 태풍에도 떨어지지 않은 '합격 사과'라고 하여 광고를 내었다. 마침, 수능이었는데 그 사과는 일본 수험생들의 수능 선물로 인기를 끌어서 높은 가격에 팔렸다. 과수원 주인은 사과가 떨어지지 않고 잘 되었을 때보다 더 많은 수입을 올렸다고 한다. 이 농민도 적절한 기지로 위기를 넘긴 것이다.

노웨어

    노하우knowhow란 실패와 좌절 속에 어려움을 겪으면서 경험을 쌓아 체득한, 자기만이 알고 있는 방식으로 하루아침에 이루어질 수 있는 것이 아니다. 그래서 농사 경험 없이 귀농이 어려운 이유이기도 하다.

    그리고 농사를 잘 짓는 것도 중요하지만 판매, 가공, 유통하는 일련의 과정에 노하우를 갖는 것도 중요하다. 그러나 그것을 단기간에 충분히 배우고 익히기란 쉬운 일이 아니다.

    그러나 걱정할 필요가 없다고 본다. 우리는 21세기에 살고 있다. 노웨어know-where만으로 가능한 시대다.

    노웨어란 정보가 어디에 있는지를 알고 필요한 정보를 언제든지 활용할 수 있는 능력을 의미한다. 따라서 우리는 누구에게 가면 문제에 대한 해답을 얻을 수 있는지 또는 어디로 찾아가면 원하는 정보를 얻을 수 있는지만 잘 알고 있으면 된다는 뜻이다. 즉 정보가 어디에 있는지 알면 정보를 가질 필요가 없다는 뜻이다.

지금까지 성공한 농민들은 자기만의 노하우를 가지고 품질 좋은 농산물을 생산하여 수익을 창출하면 되었다. 하지만 그것만으로 부족하다. 자신의 한계를 넘어 유익한 정보를 적극 발굴하여 자기 노하우로 만드는 것 또한 중요한 시대가 되었다.

20여 년 전 시설하우스 300평에 양채류 농사를 하던 때 아시아 종묘 회사에 종자를 구입하러 갔다. 종묘 회사에서 일본의 만차랑이라는 단호박 종자가 수입되었다며 심어보라는 제안을 받았다. 씨앗 한 알의 가격이 만 원씩이나 하는데 100평에 1포기만 심어도 450개 이상 수확 할 수 있다고 한다. 믿을 수 없었지만 속는 셈 치고 10개를 사서 1,000평 농지에 10포기를 심었는데 지나가던 동네 사람들도 기가 찼던지 미쳤냐며 한마디씩 하곤 했었다. 그런데 호박 줄기가 뻗어 나가더니 한 달 만에 그 넓은 밭을 다 덮고도 모자라 다른 밭으로, 산으로까지 뻗어나가는 것이었다. 그해 가을 대포알 같은 단호박을 10톤이나 수확해 시장에 내다 팔았다. 그 모두가 10개의 씨앗에서 나온 것이다.

만차랑 단호박에는 특징이 있었다. 마디마다 뿌리를 내리면서 새순이 나오는데 그 순마다 똑같은 호박이 달리는 것이 아닌가. 그래서 그다음 해에 씨앗 한 알을 일찍이 비닐하우스에 심어 뻗어

나가게 하여 10마디 정도 뻗어서 마디에 뿌리가 내리면 그 순에서 다시 30개 정도 순을 더 만들었다. 묘주를 만들어 본 것이다. 당시엔 이미 만차랑 단호박이 전국에 입소문이 나고 있었다.

김제 원예 조합장으로 계시던 분이 나를 찾아와 만차랑 묘주 생산을 관찰하고 가셨다. 그 후에 김제에 있는 농장을 찾아갔더니 나의 방법을 개선해 씨앗 한 알로 더 많이 만들어 내고 있었다. 그는 100포기까지 만드는 것이다. 나는 돌아와 더 연구하여 씨앗 한 알로 500포기까지 만들어 전국에 분양하고 있다. 만차랑은 적은 인력으로 농사를 지을 수 있는 작물이다 보니 전국에서 수많은 농민이 재배하기 시작했다.

우연히 얻은 것이지만 아시아 종묘사에서 얻은 단호박 씨앗은 나에게 유익한 정보였다. 그 때문에 나는 단호박 판매뿐 아니라 작물의 특성을 파악하여 묘주를 만드는 노하우를 터득하였다. 그리고 나의 정보를 얻은 다른 분이 그것을 응용하여 개선하고, 내가 다시 그 방법을 더욱 발전시켜 대량 생산한 것은 정보 교환 때문이었다.

21세기는 정보의 홍수 속에 있다. 문제는 노웨어, 즉 정보가 어디 있는가를 알아야 하는 것이다. 21세기는 이조차 걱정하지 않아도 되는 시대다. 다른 곳이 아니라 손에 쥔 스마트 폰이 온 세상의 거의 모든 정보와 닿아있기 때문이다. 몇 자의 검색어를 누르는 것만으로 수많은 정보와 연결된다.

고춧대를 잘 세우는 방법, 고랑을 만드는 법, 비닐 멀칭을 쉽게 하는 법, 파를 잘 심는 방법, 언제 어떤 비료, 어떤 농약을 줄 것인가 등 이제는 수많은 유튜버나 블로거들이 각자의 사소한 노하우까지 전달한다.

농업도 다양한 분야의 정보의 흐름을 활용하여야 한다. 그래야만 노웨어를 통해 얻은 정보로 노하우를 만들 수 있다. 농사를 잘 짓는 것도 중요하지만, 가공, 포장, 유통, 판매, 저장 등의 일련의 유통과정에 관한 지식도 필요하다. 이를 위해서는 다양한 네트워크나 디지털 인프라를 이용할 수 있어야 한다.

최근에는 off-line 즉 슈퍼마켓이나 시장에서 직접 구매하는 것이 아니라 인터넷이나 홈쇼핑 같은 on-line을 통한 구매가 점점 늘어나고 있다. 소비자들이 직접 농민들의 블로그나 소셜미디어를 통해 질 좋은 농산물을 직접 구매하기도 한다. 배달 인프라가 잘 구축되어 있어서 총알 택배가 가능한 덕택이다.

로컬 푸드(지역 농산물 직거래장)가 아니더라도 중간 상인을 거치지 않고 농민과 소비자가 직접 연결되는 것이다. 이로써 과거 중간 상인이 가져가던 유통마진을 농민과 소비자가 나누어 갖는다. 시대의 흐름을 따라갈 때 부유한 농촌이 가능하다.

실패한 귀농

2000년도부터 5년간 비닐하우스 5,000평에 쌈 채소를 재배하여 가락시장에 있는 삼오상회에 위탁판매를 하고 있었다. 오랜 기간 위탁 판매를 하다 보니 자연스레 사장인 박장원씨와 가까운 사이가 되었다.

서로 도우며 친하게 지내다가 내가 사는 마을이 도시개발로 농사를 짓던 비닐하우스가 철거되었다. 그 때문에 쌈 채소 농사를 그만두게 되었고, 박사장과 거래하지 않게 되었다.

거의 10년 넘도록 연락이 없었는데 어느 날 박사장에게 전화가 왔다. 지금은 가락시장에서 상회를 운영하지 않고 하남에서 유통 사업을 하고 있는데 만나서 의논할 것이 있다는 것이다.

나는 박사장의 사무실로 찾아갔다. 반갑게 만나 안부를 묻고

이런저런 이야기 끝에 용건을 물었다. 팔당 저수지 안쪽 2,000평 정도의 땅에 귀농인 한 분이 자동화시설이 된 비닐하우스를 만들었다고 한다. 1,000평을 세우는데 10억 정도가 들었는데 부도가 나서 모두 경매로 넘어가 매물을 박사장이 사두었다는 것이다.

그 시설을 어떤 용도로 사용할지, 어떤 농사를 지어야 할지 나에게 조언을 구하고 싶다고 해서 시설을 확인해 보고 놀라지 않을 수 없었다. 2,000평의 땅 위에 세워진 비닐하우스가 5개 동인데 삼중 커튼 장치와 물주는 시설이 자동화되어 있었다. 그 외 LED 조명 시설, 지중 난방시스템도 설치가 되어 있었다. 완벽한 시스템을 갖추어 놓고 하우스 안에서 생산하였던 것은 한동안 건강 채소로 알려져 있던 당뇨초라는 열대성 작물이었다.

나도 10년 이상 육묘사업을 하여 당뇨초에 대해서는 잘 알고 있었다. TV의 건강 프로그램에서는 많은 약용식물을 소개한다. 방송에서 그 성분과 효능을 소개하면 그 후부터 그 약용식물의 모종이 비싼 가격에 팔린다.

2017년에도 건강에 좋고 병에 효과가 있다는 여러 가지 약용식물을 빈번하게 소개하고 있었다. 방송에 뜨면, 씨앗을 구입해 고소득을 올려보겠다고 농민들의 마음이 현혹眩惑된다. 2015년에 정년퇴직을 한 그 귀농인도 이런 과정을 거쳐 당뇨초(또는 명월초)가 당뇨에 특효약이 된다는 것을 알게 되었다. 그것을 재배하면 큰돈이 된다는 생각에 평생 모은 10억을 투자하여 땅을 구매하고, 자동화시설을 설치하였다. 열대성 작물을 겨울에도 재배하기 위해 1,000평 부지에 삼중 커튼 장치와 LED 등, 지중 난방을 대출까지 받아 과감하게 투자를 한 것이다.

그러나 농사를 시작하고 나서 곧 과잉 공급이 되어 판로가 없어지기 시작하였다. 그리고 복용한 사람들이 눈에 띄는 효과를 보지 못하자 판로를 찾기가 더욱더 어려워졌다. 결국 부채를 감당할 수 없어 큰 비용을 들인 시설이 경매로 넘어간 것이다. 큰돈을 벌려는 마음이 앞서 제대로 농사도 지어 보지 못하고 한순간 평생 모은 재산을 잃게 된 것이다. 과욕과 잘못된 귀농 계획이 부른 결과이다.

우리 지역에도 귀농하여 실패한 사람들이 수없이 많다. 농업에 대한 아무런 경험과 지식이 없이 대부분 남의 말만 듣고 무리한 투자를 했다가 실패하는 것이다. 농업에 대한 경험과 지식 없이는 투자한 만큼 이윤을 낸다는 것이 그리 쉬운 일이 아니다. 평생 농사를 지어 온 농업인들조차도 실패를 경험하기 때문이다.

나도 젊었을 때 여러 번 실패를 경험하였다. 45년 전 당시 인기 관상수였던 주목나무로 큰돈을 벌고자 30만 주를 삽목하였다가 실패하여 어려움을 견디다 못해 고향을 떠나와야 했다.

결혼 후 남의 밭을 임대하여 집사람과 추석날도 쉬지 않고 양상추 수만 포기를 심어 잘 가꾸었는데, 갑자기 기온이 영하 7도까지 내려가 하루아침에 못 쓰게 되었다.

한 번은 녹즙 원료였던 신선초 농사를 하다가 사업을 확대해 보겠다고 녹즙 가공 공장을 세웠다가 망했다. 감당할 수 없는 부채 때문에 그때는 죽어야겠다는 생각뿐이었다.

농사를 짓다 보면 수많은 위기를 맞게 된다. 일이 없으면 흔히들 시골에 가서 농사나 지으라 하지만 농사가 그렇게 만만한 것은 아니다. 땀 흘려 농사지어 잘 키워 놓아도 가뭄, 장마, 폭설, 태풍, 병충해, 가격폭락으로 대책 없이 당한다.

그러나 '스스로가 자초한 실패다'라고 해야 할 경우 역시 적지 않다. 어느 해 예상 밖에 이익을 거두다 보니, 다음엔 좀 더 크게 벌려 큰돈을 벌어 보겠다는 유혹을 받게 된다. 그래서 무리하게 돈을 조달해 한 곳에 몰빵한다. 농사란 생각처럼 되는 것이 아니다. 자연재해나 유행병, 원인을 알 수 없는 병충해, 기술 부족, 잘못된 시장 정보가 한 해 농사를 망치는 경우가 많다. 그리고 농산물 가격처럼 예상할 수 없고 등락이 심한 물건이 없다.

크게 투자하여 실패하면 헤어날 길이 막막하다. 농사에는 부도가 없기에 다음 해에 한꺼번에 손해를 만회하려고 다시 큰 모험을 시도한다. 뜨거운 비닐하우스 속에서 뼈 빠지게 일하는 것을 빼면 노름이나 주식처럼 되는 것이다. 이러다 농민들이 농약을 먹는 것이다.

몇 년 전 잘 아는 분도 남의 땅을 임대하여 비닐하우스 시설을 만들어서 농사를 지었는데 경험 부족으로 몇 년 동안 실패를 거듭하다가 부채를 감당하지 못하자 가족을 남기고 스스로 목숨을 끊었다. 과욕을 부린 분도 아닌데 안타깝기 이를데 없었다.

　이왕 농사를 시작한다면, 처음에 작은 자본으로 시작하여 농사 경험과 지식을 쌓고 판로에 대한 노하우를 터득하는 것이 실패를 최소화할 방법의 하나다. 그러한 경험과 지식이 쌓이고 가장 자신이 있는 작물을 선택하여 노력한다면 좋은 결실을 볼 것이다.

지역 농업과 지역 소비

■ 로컬푸드

　네덜란드의 지역 농산물 경매장을 소개한 적이 있지만, 우리나라에도 10년 전쯤에 지역 농업과 지역 소비를 실현하기 위한 '로컬푸드'가 처음 시작되었고 그 운동이 전국적으로 확산하고 있다.
　나는 비닐하우스 2,000평에, 노지에 밭농사도 1만 평 정도 짓고 있다. 농사가 크다 보니 어떤 시기에는 생산량이 많아 지역 농산물 시장에 출하할 뿐 아니라 가락동 농산물 시장에도 내놓고 있었다. 쌈 채소, 콜라비, 비트, 고구마, 단호박 등 각종 농작물을 계절에 따라 시장에 내놓고 있지만 물량은 엄청나게 많아도 돌아오는 이익금에 실망하지 않을 수 없었다. 적자도 한두 번이 아니었다.

이것은 나만의 일이 아니다. 아무리 농사지어도 만족할 만큼 이익을 남기는 것이 불가능하다는 것은 전국의 농민이 다 안다. 농산물 가격은 10년 20년 전이나 비슷한데 농자재, 인건비는 몇 배나 올랐다. 농사로 돈을 번다는 것은 참으로 어렵고 고달프다. 이것이 오늘의 농촌 현실이다.

농산물 가격이 조금만 오르면 TV나 신문에서 매일 때리고, 정부는 바로 농축산물의 수입에 앞장서니 애써 지은 농산물 가격은 폭락해 그간 농민들의 노력은 물거품이 된다. 그렇다고 평생 짓던 농사를 아예 포기할 수도 없고, 사실 나같이 고령의 농민들이 찾아갈 일자리도 없다.

전북 완주에서 처음 시작한 로컬푸드는 이듬해에 내가 사는 화성에도 생겨나, 지역 농민들의 신청을 받아 현장 교육을 경험한 농가가 지금은 2,000가구가 훨씬 넘는다.

나는 비교적 크게 농사를 짓다 보니 대량 생산하여 주로 도매시장에 대량으로 출하하여 왔고 조금씩 포장하여 내놓는 로컬푸드는 적성에 맞지 않았다. 그런데 대량 출하가 거래량과 금액은 크지만 인건비, 물류비를 빼고, 그리고 그날의 시장시세로 계산해 보면 이익금이 오히려 로컬푸드만 못하다는 것을 알게 되었다. 고령인 부부 둘이 인건비 들이지 않고 작업하여 로컬푸드에 내놓는 것이 대량 출하하는 나보다 단위당 이익금이 많은 것이다. 로컬푸드에 눈을 돌리지 않을 수 없었다.

우리 내외는 교육을 받은 후 로컬푸드에 참여했다. 싱싱한 농산물을 생산하여 아침마다 출하하는 회원들의 활기찬 노력과 열정은 참으로 보기 좋고 그렇게 아름다울 수가 없었다.

로컬푸드의 좋은 점은 여러 가지다. 우선 직거래장의 특성상 소비자가 만족하면서도 마진이 크다. 농사를 작게 짓는 농가도 여러 가지 작물의 소량 판매가 가능하다. 약간의 손질 작업으로 더 많은 수익이 가능한데, 그대로 내놓기에 적절치 않은 호박이나 단호박의 속을 파내어 조금씩 절편으로 팔거나, 김장철에 배추를 일시 출하하지 않고 저장해 두었다가 겨울 동안 배춧잎을 해체하여 쌈 배추로 조금씩 출하하는 이들도 있다. 이런 경우 대개 두 배 이상의 가격으로도 팔 수 있다. 네덜란드 하우턴 지역 경매장에서 부러워했던 것이 화성에서 현실이 된 것이다.

■ 가까운 대형마트

내가 사는 우정읍과 장안면의 인구가 5만 명 정도고, 특히 우정읍은 기아·현대 자동차 공장이 있는 곳이다. 2개의 읍면 중심에 조암시장이 있고 시장 내에 대형마트가 5개 있다. 그중에 장사가 제일 잘 되는 대형마트에서 판매되는 농산물은 거의 100% 서울 가락동 농수산물시장에서 구매하고 있다.

몇 해 전 여름, 비닐하우스에서 상추를 재배하여 가락시장에 출하하던 때였다. 삼복더위에 상추를 재배하여 시장에 출하시키는 것은 그리 쉬운 일이 아니었다. 8월에는 고온과 장마로 상추 가격이 금값이 될 때도 있다. 나는 이 시기를 이용해 상추를 시장 출하를 했는데 가격이 너무 불규칙했다. 오늘 가격이 4kg 한 상자에 5만 원 하던 것이 다음날엔 1만 원 이하로 하락하였는데도 소비자 가격은 5만 원이었다.

상추 가격은 계속 내려가도 소비자 가격은 변동이 없고 유통단계를 2단계 거쳐서 온 것이라 신선도는 떨어져 물건이 좋지 않다. 대형마트 담당자에게 '가락시장에서 농민들이 판매하는 가격은 형편없는데 왜 마트에서는 비싸게 판매하느냐?'고 물었더니 경매는 낮은 가격으로 판매되지만 중간 유통인들이 물량을 조절하여 여름에는 소비자들에게 항상 비싸게 판매된다는 것이다.

나는 담당자에게 내가 재배하는 상추의 적정가격을 제시하며 지역에서 바로 생산되는 상추를 받아 안정된 가격으로 판매해 보라고 권했다. 그 후, 상추만이 아니라 가을이면 김장배추, 고구마, 콜라비, 양배추, 열무 등을 안정된 가격에 납품할 수 있었고 물류비나 수수료 걱정이 없었다. 바로 지역에서 생산되는 싱싱한 농산물이 1~2시간 이내에 대형마트 진열대에 있으니, 소비자들에게는 단연 인기였다.

우리나라 전 지역에 있는 로컬푸드, 대형마트, 농협에서 운영하는 하나로 마트가 지역 농민들과 소비자가 더불어 상생하는 기회가 되지 않을까 생각한다.

건강하게 살아갈 이유

　건강 유지는 자기에 대한 의무인 동시에 사회에 대한 의무이다. 몸이 허약하면 가족들에게 폐를 끼치게 되고 주위 사람들에게도 부담스러운 존재가 된다. 건강해야만 개인적, 사회적 직분을 다 할 수 있다. 그래서 건강하게 살아가는 것은 인생을 살아 가는데 첫째가는 의무인 것이다.

　지금의 내 나이는 78세, 머지않아 80세의 고령이 될 것이다. 몸의 무게는 50kg 키는 172cm이다. 만나는 사람마다 너무 말랐다고 살 좀 찌라고 말한다. 젊어서부터 농업이라는 고된 일을 평생 하다 보니 1년 12달 쉬는 날 없이 일을 해왔다. 그것도 일손이 제일 많이 가는 시설원예 비닐하우스 2,000평을 가지고 아내와 함께 일을 해왔다. 평생동안 고된 일을 반복해 오다 보니 몸이 아프기 시작하고 나이가 70이 넘어가니 머리부터 발끝까지 아프지 않은 곳이 없다.

하루의 일을 끝내고 집으로 돌아오면 온몸이 아프지만 고된 노동에 지쳐 잠이 들고 그 이튿날이면 일어나서 의무적으로 다시 일터를 가야 한다. 아파도 아니할 수 없는 것이 농업의 일이다. 비닐하우스시설 안에서 자라나는 모든 작물이 나를 기다리고 있지 아니한가. 물을 주어야 하고 풀 뽑기를 해야 하고 약을 주어야 작물들이 자라서 수확할 수 있기 때문이다. 일에 열중하다 보면 밤사이에 그렇게도 아팠던 통증이 언제 아팠었나 싶을 정도로 또다시 하루가 간다.

나는 1주일에 한 번씩 동네 병원이나 한방 병원을 찾아가 주사도 맞고 물리치료를 받는다. 지금은 의학이 좋아져서 어지간한 통증은 해결이 되고 있다. 주사도 맞고 침도 맞고 물리 치료를 받으면서 또다시 하루하루의 일을 시작한다. 농사일이라는 것은 나에게 주어진 의무이기 때문에 아프지 않고 건강해야만 일을 할 수 있다. 조금이라도 건강하지 못하여 일을 할 수 없는 지경까지 오면 그때는 인생을 다 살아가는 것이다.

지금 내 나이 80이 가까워 있지만 병원도 다니고, 내 몸의 건강을 유지하기 위해 운동과 노동을 겸하면서 열심히 일하고 내가 키우는 모든 작물과 대화를 하면서 일을 하면 그날그날이 즐겁고, 열심히 일해서 그 대가를 보상받을 때 그 기쁨이 건강과 함께 받는 것처럼 느껴진다.

　인간은 건강하게 살아갈 이유가 있다. 몸이 건강해야 일할 수 있고 행복한 삶을 누릴 수 있다. 몸이 건강해야 목표를 실천할 수 있다. 사회에 책임과 의무를 다할 수 있다. 돈을 잃어버리는 것은 인생에서 아주 작은 것이고, 용기를 잃어버리는 것은 많은 것을 잃어버린 것이다. 그러나 건강을 잃어버리면 인생의 전부를 잃어버린다. 사람들은 누구든지 60대, 70대, 80대가 되어도 열심히 일을 해야만 건강한 삶을 살아갈 수 있다. 나이가 들어가면 아픈 곳도 물론 많아지지만, 정신없이 일에 몰두하면 치유를 받게 된다.

　우리들은 언제 건강을 잃게 될지 모른다. 병마는 항상 우리의 생명을 노리고 있다. 그러므로 자신의 건강에 조심해야만 한다. 건강에 대한 관심은 모든 관심보다 앞서야 한다. 건강관리에 소홀하고 무관심하다는 것은 자기 인생에 대해 쾌만하고 무책임한 것이다. 건강은 가격을 따질 수 없다. 지금의 세상은 황금만능주의 시대라 하지만 건강은 절대로 돈으로 살 수 없고 남에게 빌려줄 수도 없다. 건강은 자기만이 관리할 수 있는 유일한 재산이다.

　나에게 아주 친한 고향 친구 5명이 있었다. 그러나 지금은 5명이 다 사망하고 없다. 암으로, 지병으로, 교통사고로 다 사망하고 유일하게 나만 지금 살아남아 인생을 살아가고 있다. 지금의 내 나이가 78세이니 앞으로 얼마나 더 살지 모르지만, 죽는 날까지 최선을 다하여 건강을 잘 지키고 열심히 일할 것이다.

사람들이 이 세상을 살아가면서 건강의 가치를 잊고 지낼 때가 많다. 막상 병에 걸려 시달리고 나서야 건강의 고마움을 알게 되고 건강을 잃고 나서야 그 가치를 뼈저리게 느끼는 것이 우리의 인생이다.

내가 살고 있는 이 지역을 살펴보면 건강하게 살면서 열심히 일하고 있는 85세가 넘는 분들이 여러 분 계신다. 그분들이 살아가는 방식을 자세히 살펴보면, 88세의 이상복씨라는 분은 매일 정원에 나와서 나무를 전정하고 다듬고 꽃을 가꾸고 아침부터 저녁까지 틈만 나면 드넓은 정원을 가꾸면서 건강하게 살고 있다.

94세의 할머니는 자녀들이 모두 외지에 나가 살고 시골서 혼자 살고 있다. 90세가 넘는 이 할머니의 집에는 온 마당 구석구석 꽃이 가꾸어져 있다. 겨울이면 집안 방마다 꽃을 키우면서 건강하게 살아가는 것을 보면서 아무리 나이가 들어도 자기가 좋아하는 일에 최선을 다하고 열심히 일하면 건강은 스스로 온다는 것을 알게 된다. 건강의 비결은 늘 열심히 일하는 것이다. 사람은 늘 일하고 활동할 때 보람이 있고 기쁨이 있다. 인간은 원래 활동하고 움직이는 동물이다. 따라서 일을 찾아 움직여야 몸이 아프지 않다.

흘러가지 않는 물은 썩기 쉽고 움직이지 않는 기계는 녹슬어 쓰지 못한다. 건강은 노동으로부터 생겨난다. 우리 몸은 움직이지 않으면 병이 생긴다. 일하고 활동해서 건강해지고 기쁨으로 즐거움을 얻을 수 있다. 인간의 최대 행복은 계속 일하는데 있다. 인간이 제일 행복할 때는 일에 몰두하고 있을 때다. 행복하기를 원한다면 무엇보다도 일을 찾아야 한다.

일을 열심히 하게 되면 식욕이 왕성해지고 깊은 잠을 잘 수가 있다. 더욱더 보람 있는 일이라면 기쁨과 만족을 더 해줄 뿐 아니라 하는 일이 즐겁고 성취감이 크다. 일할 수 있다는 것은 인생의 가장 좋은 축복이 되고 건강을 지키는 비결이 될 것이다.

지금 내 나이가 80이 다 되어 가지만 아직은 젊은 사람 보다 더 열심히 농사일을 하고 있다. 농작물 속에서 일하다 보면 시간 가는 줄 모르게 시간이 흘러가고 저녁이 되어 집에 돌아와 샤워하고 저녁을 먹고 휴식하다가 평안히 잠이 든다.

매일 새벽 4시나 5시에 일어나 아침을 먹고 다시 일터로 향하는 일이 반복된다. 아침에 일어날 때는 죽을것 같이 아프지만 막상 일터에서 일을 시작하면 아픈 것은 사라지고 하루의 일을 다 할 수가 있다. 나 역시 건강을 위해 8시간의 규칙을 정해 놓고 일을 한다.

농사일을 내 평생직장이라고 생각하면 만족스럽고 뿌듯하다. 은퇴하라는 소리를 들을 필요도 없다. 즐겁고 기쁜 마음으로, 오늘 하루도 일할 수 있도록 건강 주신 하나님께 감사하면서 일할 때 인생의 행복과 건강이 저절로 얻어지는 것이다.

건강한 삶

    옛날 고향은 굶주리면서 살았지만, 인정이 넘쳐 흘렸다. 저녁이면 집집마다 저녁밥 짓는 하얀 연기가 온 마을에 퍼지고, 좋은 음식은 아니었지만, 서로가 나누어 먹었던 일이 지금도 생각난다.
    집집마다 5남매 이상은 보통이어서 동네 골목에는 해 질 녘까지 또래들과 어울려 노는 아이들로 시끄러웠다. 그 시절엔 냇가에서 물고기를 잡아 고추장 풀고 파를 썰어 넣은 매운탕과 막걸리를 먹고 노래하며 놀았다.
    마을에 노래자랑 대회를 열면 총각, 처녀들이 모여들었고 사랑이 싹트는 곳이 되기도 하였다. 초상이 나면 온 동네가 한 식구 되어 상갓집 일을 돌보아 주었고 한 집의 경사는 온 동네의 잔칫날이어서 일손을 도와가며 음식을 나누어 먹었다. 그땐 아침·저녁

으로 길거리에서 동네 어르신을 만나면 '진지는 잡수셨냐'라고 인사 드렸다. 옛날엔 끼니를 굶는 일이 많았으니, 인사말이 그렇게 되었을 것이다. 70년대 농촌의 삶이었다.

부모가 61살이 되면 자녀들이 가족과 이웃들을 불러 환갑 잔치를 열었다. 무병장수하셨음에 축하 잔을 올리고 장구 치고 노래하는 소리가 집안에 가득했다. 회갑을 맞이한 부모들은 그 나이까지 인생을 살 만큼 열심히 살았으니 남은 인생 자식들에게 봉양을 받으며 살아가야겠다고 마음을 먹던 시대다.

보릿고개를 힘겹게 넘기며 못 먹고 의료혜택도 제대로 못 받던 때여서 환갑 나이만 되어도 수염이 허연 노인이 되었다. 그런 시절은 이미 옛말이 되어서 2000년도에 들어와서는 70~80세의 나이에도 건강하게 일하면서 사시는 분들이 많다. 소득과 의료 혜택이 달라졌기 때문일 것이다.

우리 농장에 일 나오시는 할머니들도 평균 연세가 80세 정도인 것을 보면 '100세 시대'라는 말이 실감 난다. 그러나 사회에서 규정짓는 나이의 개념은 변하지 않아서 65세 이상이면 거의 직장에서 은퇴한다. 아직 체력이 양호하고 정신적으로 한창 성숙한 나이인데 퇴물이 된 것이다.

자식들이 모시고 사는 시대가 아니기에 남은 인생을 어떻게 살

아야 할지 걱정이 된다. 그간 모았거나 물려받은 재산이 많더라도 마찬가지다. 남아 있는 긴 시간에 대해 생각하지 않을 수 없다.

공직이나 대기업에서 일하던 비슷한 연령의 친구들이나 지인들이 은퇴 후 심각한 건강상 문제로 생을 마감하는 경우를 상당히 많이 보았다. 그간 정신적 노동으로 쌓였던 스트레스가 건강에 문제를 일으키는 것 같다. 마땅히 할 일이 없는 것, 갈 곳이 없는 것 또한 우울하고 고독한 과정인 것이다.

건강의 소중함은 누구나 동의하지만 막상 자기가 건강을 잃기 전까지는 실감하지 못한다. 나도 한때 식품 사업 실패로 앞뒤로 전혀 희망이 보이지 않아 매일 술과 담배로 나날을 보냈다. 어느 날 이상한 조짐이 보이기 시작했다. 헛구역질이 나며 몸에 이상을 느끼면서 "아, 이제 병들어 죽는구나"라는 생각이 들었다. 나는 독한 마음을 먹고 하루아침에 술과 담배를 끊어 버렸다. 그리고 농사일에 정신없이 매달리면서 기르는 작물들과 대화를 시작했다.

어떤 작물이 잘 자라지 않고 병이 나면 고치기 위해 나의 모든 정신력을 쏟아부었고, 농작물이 잘 되었을 때는 기뻐하는, 건강한 삶을 살고자 했다. 아침 새벽부터 저녁 해 질 때까지 땀 흘려 일하고 집으로 돌아와서 오늘 하루도 일할 수 있도록 건강을 주신 하나님께 감사기도를 드렸다. 지금 78세가 되었지만 건강하게 일하고 있다.

치유농업이라는 개념이 있다. 도시 안에 농촌 경관을 활용해서 정신적·육체적 건강을 회복하기 위해 시작된 농업으로 아파트 베란다 화분에 꽃을 기르며 위안을 얻거나 시멘트와 아스팔트가 뒤덮인 거리 사이 정원을 만들어, 과로나 스트레스를 겪는 도시인에게 정서적 안정과 심리적 만족을 주고자 하는 것이다. 마음을 비우고 몸을 움직이며 찾는 소박한 행복이 건강한 삶이 아닐까.

이제는 치유농업이란 개념이 더 확대되어 농장 및 농촌 경관을 활용하여 정신적·육체적 건강을 회복하기 위해 제공되는 모든 농업 활동을 말하고 있다. 건강의 회복을 위한 수단으로 농업을 활용한다는 것이다.

건강하고 행복한 삶을 추구하는 사람들을 위한 것이기도 하지만 의료적·사회적으로 치료가 필요한 사람들을 치유하기 위해 채소와 꽃 등 식물을 가꾸는 일뿐만이 아니라 가축 기르기, 산림과 농촌 문화자원을 이용하는 경우까지 모두 포함한다. 치유농업은 지자체에서도 많은 관심을 가지고 있으니, 이것을 활용하여 농사를 짓는 방법도 생각해 볼 필요가 있다.

산양 젖

나의 유산양에 대한 기억은 아동 시절로 거슬러 올라간다. 1950년대에 경북 달성에는 대한중석광산이 있었다. 아버지께서는 대한중석에서 10년간 근무하시다 1960년에 폐광되어 그만두시면서 달성군 용계동에서 유산양을 키우시기 시작하셨다.

그것은 내가 용계국민학교 1학년에서 4학년 사이였는데 아버지께서 30마리 정도 키우시면서 산양젖을 일일이 손으로 짠 후, 끓여서 유리병에 넣어 새벽마다 자전거에 싣고 대구 시내 곳곳에 배달하시고 돌아오시던 모습이 어렴풋한 기억으로 남아있다.

워낙 오래 전이라 기억이 희미하지만 더듬어 생각해 보면 우리가 살던 집은 아마 큰 산 밑에 있고 뒷산에는 큰 바위들이 많았다. 밤이면 늑대들이 나타나 산양이 있는 축사를 돌아다니는 것을 본

후에는 밤이면 무서워 바깥에 나가지 못했던 기억이 난다.

아버지께서는 산양 목장을 하시면서 꿀벌도 키우셨는데, 아침에 산양 젖을 짜고 배달한 후에는 양 떼를 몰고 산으로 올라가 풀을 뜯게 한 후 저녁이면 양 떼를 몰고 집으로 돌아오셨다. 나는 산양젖을 많이 마실 수 있었는데 고소하고 달콤했던 맛의 기억이 아직도 생생하다.

아버지께서 산양을 구입한 곳은 대구 대봉동에 있는 한 교회 장로님으로 1958년 산양 목장을 하시던 분이었는데 젖소를 외국에서 들여와 젖소 농장으로 바꾸면서 키우던 산양 모두를 아버지께 팔았다.

그때 재미있었던 일이 기억난다. 나는 그 장로님 댁에 여러 번 가게 되었는데 그 댁 따님이 맛있는 과자를 사주면서 당시 우리 집에서 대구의 고등학교에 다니는 사촌 형에게 전해 주라며 편지 심부름을 시켰다. 어렸지만 왜 그러는지 알 수 있었다. 옛날의 산양 이야기를 시작하자면 항상 그 추억이 떠오른다. 60년이 지나서 내가 유산양에 다시 관심을 두게 된 계기는 '새벽을 깨우리로다'로 알려진 김진홍 목사님과 관계가 있다.

목사님은 유산양 20마리를 키우고 번식시키고 있었다. 그분은 나에게 유산양 사업에 대한 미래를 이야기하시면서 최근 일반 우유에 대한 대체식품으로 산양유에 대한 인식이 날로 새로워져 가고 있다는 것이다. 소비자들이 젖소 우유보다 영양가가 더 높은 산양유를 찾고 있어 유산양 사업에 미래가 있다고 하셨다.

부모님이 벌써 60년 전에 시작했던 유산양 사육 산업이 성장하지 못했던 이유는, 젖소가 들어오면서부터 상대적으로 생산량이 적은 유산양이 뒷전으로 밀려났기 때문이다. 젖소의 대량 사육과 서울우유, 남양유업 등 대형 가공 공장의 가동으로 우유가 대량 공급되어 싼값에 마실 수 있게 된 것이다. 때로는 너무 많은 양의 우유가 공급되어 폐기하는 일도 벌어졌었다.

우유는 과자, 빵 등에 중간 원료의 형태로도 수입이 되니 목장에서 생산되는 우유는 남아도는 이상한 과잉 현상이 발생하고 있다. 원유 단가는 오르지 않으나 사료나 건초 등은 수입에 의존하다 보니 생산 단가는 몇 배로 올라 목장 운영이 어려운 게 현실이다. 요즘에는 사료의 주원료가 되는 옥수수 수입 가격이 대폭 오르고 있어 어려움이 더욱 가중되고 있다.

이 시점에서 또다시 유산양에 관심을 갖게 되는 이유는 우리나라는 70%가 산이라는 점이다. 산을 활용한다면 80%의 사료를 산야에서 얻을 수 있다. 그리고 우리나라에 있는 많은 산의 지형과 환경은 유산양을 키우는데 적합해 보인다. 유산양의 사육은 비교적 쉽고 적은 자본으로도 가능해 보인다.

무엇보다 산양젖의 성분은 모유에 가장 가깝다. 유럽의 많은 산간 지역에서는 아직도 방목한 유산양으로부터 산양젖을 얻고 가내수공업으로 고품질의 치즈를 만들고 있다.

현재 국내에 산양 우유 제조업체가 있다. 그 회사는 사람과 자연과 동물이 함께 공존할 수 있는 세상을 만들자는 슬로건으로 2006년부터 산양 사업을 시작하였다. 김승민 대표는 2011년 국내 최초로 HACCP 인증을 받고 충북 옥천 가공 공장에서 산양유를 생산하여 대형마트에 공급하고 있다. 산양유와 요구르트 치즈 등 산양유를 원료로 한 유식품 등의 매출이 빠르게 성장하고 있다고 한다. 산과 유휴지를 활용한 산양 사육에 관심을 가질 만하다.

오지마을 흑염소

    지난 일을 되돌아보면 아쉬움이 남는 일이 있기 마련이다. 제대 후에 서울 불광동에 있는 군 동기의 집에 머물게 될 일이 있었다. 그의 아버님이 나에게 앞으로의 계획을 물으시며 들려주신 이야기다.

    서울에서 크게 운수사업을 해서 승승장구하던 친구가 한 분이 있었는데 당시는 보험제도가 잘 되어 있지 않던 시절이라 큰 사고가 나면 파산하는 것이 또한 운수사업이었다. 그분도 큰 사고로 도산을 당하고 빚더미만 남게 되었다고 한다.

    빚쟁이에 시달리다 어느 날 친구분은 말없이 사라져 버렸다. 남은 가족들은 1년을 기다려도 소식조차 알 길 없어 부인은 숨겨 두었던 패물을 팔아 그것을 밑천 삼아 자식들과 근근이 살았다.

5년이 지난 어느 날 죽었다고 생각했던 남편이 갑자기 나타났다. 그동안 어디서 무엇을 하다 이제 나타났는지 가족들은 궁금할 수밖에 없었고 남편이 그간의 이야기를 들려주었는데 다음과 같았다.
　사업이 망해 빚쟁이에 시달리자 숨겨 둔, 얼마 안 되는 돈을 챙겨 포천으로 가서 인가에서 아주 멀리 떨어져 있는 곳에 자리를 잡고 흑염소 5마리를 사서 키웠다는 것이다. 5년 동안 흑염소는 수천 마리로 불어났고 그것을 밑천 삼아 서울에 흑염소 전문 불고기 집을 냈다는 것이다. 해마다 흑염소를 팔고 식당에서 벌어들인 돈으로 파산했던 재산을 다시 복구하게 되었다는 것이다.
　친구 아버님은 고향이 산골 마을이라면 나에게 흑염소를 키워보라고 조언을 해주셨다. 그래서 고향에 내려와 흑염소 사육에 대해 알아보았다. 5마리가 어떻게 수천 마리로 번식될 수 있었을까 알아보니 염소는 태어난 지 5개월이면 임신하고 평균 2마리 정도의 새끼를 낳는다. 그리고 한 달 이내 발정하여 다시 새끼를 낳고, 이렇게 5마리에서 10마리가 된 새끼가 5개월 후에 임신하고 다시 발정하여 출산을 반복하여 암놈 100마리가 되면 수천 마리로 번식되는 것은 시간문제인 것이다.
　흑염소는 번식력이 강하기도 하지만 깊은 산골짜기에 오지마

을 흑염소 방목하면 사료비가 전혀 들지 않는다. 흑염소는 못 먹는 식물이 없을 정도라고 해도 과언이 아니다. 수십 마리가 무리를 지어 다니며 우두머리가 무리를 이끌고 다니는 습성이 있는데, 요즘은 늑대 같은 천적도 없고 방목하면 병에도 강해서 내버려두어도 자연 번식으로 그 수가 빠르게 늘어난다. 이들을 풀어놓으면 깊은 산골짜기를 오르내리면서 먹이를 먹다가 해 질 무렵에 집으로 다 찾아 내려온다.

나도 고향에 내려와 흑염소 5마리를 사서 키우기 시작하였다. 1년이 지나니 정말 60마리까지 늘어났다. 그런데 문제가 생겼다. 마을과 야산에서 키우다 보니 주변 밭에 내려와 이웃들이 심어 놓은 보리나 밀의 뿌리까지 다 먹어 치우니 난리가 날 수밖에 없었다. 변상을 해주고 심지어 뺨까지 맞았다. 염소를 1마리씩 묶어놓고 키울 수도 없고 그러다 보니 흑염소를 키울 자신이 없었다. 결국 포기하게 되었다.

지금에 와서는 왜 내가 큰 결단을 내리지 못하였는지 후회스럽다. 과감하게 산속으로 들어가서 키워야 하는 건데 마을 가까운 곳에서 키우다 보니 남에게 피해만 준 것이다. 젊은 나이인데도 나는 깊은 산 속에 들어가 혼자 움막을 짓고 생활한다는 것이 엄두가 나지 않았고 겁이 나서 도저히 들어갈 수 없었다.

흑염소는 1마리 1마리 묶어 놓고 키울 수 없고, 방목을 해서 자유롭게 다니며 생육 번식하는 것으로서 마릿수가 많아지면 통제

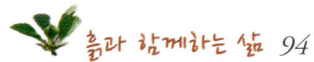

하기가 어려워진다. 그래서 인가가 드문 깊은 산골짜기나 무인도 같은 곳에서 염소를 키워야 한다.

  적은 자본으로도 몇 년 새 크게 번식시킬 수 있다. 이제 농촌은 70~80년대와 많이 변했다. 젊은 사람들은 떠나서 노인만 남았고 산골짜기 논이나 밭은 다 묵혀서 잡초밭으로 변해가고 있는 실정이다. 적절한 오지를 찾아서 염소를 방목해 번식시키면 어떨까. 수백 마리 수천 마리로 불어나도 사료비 걱정 없이 키울 수 있고 요즘 흑염소가 가장 좋은 보양식의 하나로 각광 받고 있다고 하니 소비자에게 보양식으로 개발 공급하는 것은 어떨까.

토종 지킴이

 2013년 화성시 농업기술센터에서 박영재 선생의 강의를 듣게 되었는데 우리나라에서 옛날부터 재배되어 오던 토종 종자를 전문 수집하고 연구하는 분이다.
 지금 우리나라 전국에 토종 지킴이 단체인 '씨드림'이 있는데 그 회원이 전국에 8,000명에 이른다고 한다. 이 단체는 토종 종자를 수집하고 토종농장을 운영하고 그에 관한 교육을 하고 있다. 회장이 안완식 박사님이시며 전국 오지를 다니며 해마다 토종 종자를 수집하고 있는데 50년 전부터 토종 종자 1,500종류가 수집되어 단체에 보관되어 있으며 해마다 분류 작업과 시험 재배를 하고 있다고 한다.
 2014년에 나도 그 단체에 참가하여 우리 농장 일부에 토종들을

시험 재배해 보았고 2년 후에는 그중에 경제성이 있어 보이는 작물을 선별하여 100평씩 재배하여 평가를 해보았다.

제주도에서 80년 전부터 재배되어 온 구억배추, 경기도 이천 지역에서 50년 전부터 재배가 된 게걸무, 남양주 어느 전씨 종가집 선조들이 250년 전 중국 사신으로 다녀오며 들여왔다는 붉은 자광벼, 영양 수비에서 예로부터 재배가 되어 온 수비초 고추, 화성에서 30년 전부터 재배해 온 쥐이빨옥수수를 재배하였다.

제주도 토종 구억배추로 김치와 물김치를 만들어 보았는데 김치 맛이 톡 쏘는 갓김치의 맛과 비슷하였다. 향이 강하고 육질은 조금 뻣뻣한 정도였지만 숙성해서 먹으면 묵은지로서는 최고의 맛이었다.

게걸무로 동치미와 장아찌를 담그고 잎으로는 시래기를 만들어 시식해 보았다. 금방 수확한 무는 딱딱하고 매운맛이 강해 먹기에 거북하지만, 물김치를 담그면 그 이듬해 여름까지 저장해 먹을 수 있으며 매운맛이 우러나오며 톡 쏘는 맛이 좋았다. 무장아찌는 밑반찬으로 1년 내내 먹을 수 있었다. 잎을 말려서 삶은 시래기는 연하고 맛이 일품이었다.

붉게 된 수비초 고추를 수확하니 화성 지역에서는 수확이 좋지 않았다. 경북 영양 수비면 같이 해발 600고지 정도에서 잘되는 품종이라고 파악되었다. 맛과 향은 지금 새로 나온 고추보다 훨씬 좋았다. 지금도 영양군 수비에서는 토종 수비초 고추를 재배하여 일반고추보다 두 배의 가격으로 판매하고 계시는 분이 있다.

붉은 자광벼를 수확해 밥도 짓고 떡도 만들어 보았다. 일반벼처럼 비료를 주어 논에서 재배하였다. 키가 너무 웃자라고 수확을 많이 못 했다. 자광벼는 비료를 전혀 주지 않고 밀식 재배하여야 수확을 기대할 수 있다. 밥맛은 다소 잡곡밥 같았지만 오래 씹을수록 일반벼보다 더 구수한 맛이 나는 것이 현미밥과 비슷하였다. 누룽지를 만들면 어떤 누룽지보다 구수하였다.

내가 있는 화성에서 아주 옛날부터 재배해 온 토종 쥐이빨옥수수는 작지만 고소하고 쫄깃한 그 맛이 일품이어서 해마다 재배하여 판매하고 있다.

쌀은 물론 배추, 무, 고추, 옥수수의 토종 종자는 병충해에 강하여 친환경 재배가 가능하다. 이를 건강한 먹거리로 개발한다면 미래의 좋은 소득 작물이 될 수도 있을 것이다.

씨드림 회원들은 각 지역에서 토종 종자를 지키며 작물을 재배해 건강한 먹거리를 생산하고 있다. 우리 땅에서 오래 적응해 온 토종 작물들은 우리의 소중한 유전자 자원일 뿐 아니라 미래의 희망이 될 것으로 의심하지 않는다.

버려진 땅의 신약들

■ **함초**

　내가 함초에 관심을 두게 된 동기는 이웃 선창마을에서 목회하고 계시는 김성귀 목사님을 통해서였다. 우리 농원에서는 다양한 종류의 모종을 키워 판매하고 있기 때문에 농사철이 되면 두 부부가 텃밭에 이것저것을 심기 위해 농장에 자주 찾아오셨다. 그래서 때로는 깊은 대화도 나누게 되었는데 어느 날 함초에 대한 이야기를 꺼내셨다.

　20년 전에 선창마을은 어선들이 드나들던 항구였지만 그것을 막아 지금은 끝이 보이지 않는 갯벌이 되었고 잡초만 무성하게 크다는 것이다. 그 갯벌에는 수많은 함초가 자생하는데 목사님은 그

것을 뜯어다 가공하여 1,500박스 정도의 엑기스를 만들어 왔는데 팔다 남은 것들을 현재 창고에 보관 중이라고 했다. 신기한 것은 10년 전에 만들어 쌓아둔 것이 지금까지 변질되거나 상하지 않고 맛도 똑같다는 것이다.

나는 호기심이 생겨 5박스 정도 사겠다고 하고 이튿날 교회를 찾아가 구매하였다. 10년 이상 창고에 쌓아두어서 포장 상자는 누렇게 변색하였지만 하나를 뜯어 내용물을 마셔보니 짠맛이었지만 싱싱하다는 것을 알 수 있었다. 나는 목사님과 장시간 함초에 대한 이야기를 나누었다.

한 가지 신기한 것은 함초 엑기스를 넣어 김장 김치를 담아 일반 창고에 보관하였는데 5년이 지나도 처음 김장했을 때처럼 아삭아삭하다는 것이다. 그래서 나도 맛을 보았는데 잘 숙성된 묵은지 맛이었다. 분명히 어떤 특별한 성분과 효능이 있겠다는 생각이 들어 집에 돌아와 함초에 대해 자세히 알아보았다.

함초는 서해안 갯벌에 자라는 1년생 풀로, 우리말로 '퉁퉁마디'라고 부르며 모양 때문에 산호초라고도 부른다. 해안가 일부 지역에서 세발갱이, 해송나물 등과 함께 민간에서 이용되었다고 전해지고 있으나 옛날부터 짜기 때문에 소도 먹지 않아 천덕꾸러기로 여겨지던 식물이다. 최근 들어서야 함초에 특별한 효능이 있다고 하여 일부 업체에서 제품을 만들어 판매하고 있다.

함초는 바다와 가까운 갯벌에서 무리 지어 자라며 잎과 가지가 구별되어 있지 않아 다육식물과 비슷하다. 여름이면 진한 녹색이지만 가을이면 빨갛게 변한다. 꽃은 8~9월에 연한 녹색으로 피며 10월에 열매가 익는다. 함초에는 소금을 비롯한 바닷물에 녹아 있는 미량 원소가 농축되어 있어 맛이 짜고 무게가 많이 나간다. 특히 그 소금 성분은 바닷물에 있는 독소를 걸러낸, 품질이 매우 우수한 소금이라 한다.

함초는 성장을 위해서 적절한 염분의 환경이 필요한 염생식물이므로 장시간 바닷물이나 민물에 잠기게 되면 고사하며, 일정 지역에 무리 지어 자라다가 염분이 부족하여 소멸하기도 한다.

기록을 보면 함초는 몸 안에 쌓인 독소와 숙변을 없앤다고 한다. 또한 암, 자궁근종, 축농증, 고혈압, 저혈압, 요통, 당뇨병, 기관지, 천식, 갑상선 기능 저하 및 기능항진, 피부병, 관절염 등 난치병에 치료 효과가 크다는 연구 결과도 있다. 바닷물에는 칼슘, 칼륨, 마그네슘, 철, 요오드 등 수십 가지 미량 원소와 독소 효소가 녹아 있는데 함초는 인체에 유익한 성분만을 흡수하여 자란다고 한다.

바닷물 1톤 속에 1그램이 들어 있는 효소는 바닷물 속의 유기질을 분해하여 정화하는 역할을 하는데 함초에는 이러한 효소가 다량 농축되어 있어 사람 몸 안에 독소를 없애고 숙변을 분해하여 몸 밖으로 배출하는 작용을 한다는 것이다.

요약하면 숙변을 제거하고 비만을 치료하는 효과가 탁월하다.

혈액순환을 좋게 하고 피를 맑게 하고 혈관을 튼튼하게 하므로 고·저혈압을 동시에 치료한다. 화농성염증을 치료하고 살균 작용이 있어 염증과 관절염으로 인한 수종 등을 치료한다. 또한 먹는 화장품이라고 할 만큼 숙변이 제거되고 피부가 깨끗해진다. 장의 기능을 활발하게 하고 위장 기능을 촉진하여 변비, 숙변, 치질을 치료하는 효과가 있다.

함초는 우리 서해안에서 가장 많이 자라는 식물로 생즙이나 말려서 가루를 내거나 알약을 만들어 먹을 수도 있다. 함초에 대한 자료를 보면 이외에도 많은 효능들이 소개되어 있다.

김 목사님으로부터 복용한 사람들의 이야기도 들을 수 있었다. 숙변이 해소되고, 몸이 가벼워지며, 피부가 좋아졌다는 이야기다. 함초의 효능과 효과를 좀 더 과학적으로 연구하여 개발해 나갈 필요가 있다고 생각한다.

■ **쑥과 버드나무**

우리가 잡초라고 부르는 수많은 식물은 무수히 많은 화학성분을 지니고 있다. 그러나 그중에 우리에게 유효한 약으로 알려지고 이용되고 있는 부분은 극히 일부에 그치고 있다. 따라서 약으로 개발되어야 할 식물의 성분들은 아직도 우리 앞에 무한히 펼쳐져 있다고 할 수 있다.

쑥은 전 국토에 지천으로 자란다. 쑥대밭이 되었다는 말이 있는데, 내버려둔 땅에서 쑥은 뿌리가 땅속을 장악하여 다른 잡초나 작물이 자라지 못할 정도로 생명력이 강하기 때문이다. 옛날부터 쑥의 효능은 동의보감에도 잘 기록되어 있어서 한의학뿐 아니라 민간에서도 가장 애용되는 약초로 이용되어 왔다. 그만큼 좋은 성분이 함유되어 있다는 말이다. 하지만 옛날의 요법은 지금 와서 자주 무시되거나 잊혀지는 것이 보통이다.

2015년에 중국의 여성 약리학자 투유유가 말라리아 특효약으로 노벨생리의학상을 받았다. 그 학자가 발견한 것은 말라리아 특효약으로 개똥쑥에서 추출한 아르테미시닌이었다. 그런데 300년 전 이미 동의보감에서 개똥쑥의 말라리아 증상에 대한 효능을 언급하고 있다. 쑥은 많은 연구가 필요한 대상이라고 할 만하다.

이러한 경우는 쑥만이 아니다. 버드나무는 시냇가, 산기슭, 도로변, 습지 어디나 자란다. 버드나무는 가지를 40cm 정도 잘라서 꽂으면 나쁜 땅에서도 습기만 조금 있으면 잘 자란다. 잘 자라는 특성 때문에 옛날엔 땔나무로 많이 사용했다.

  1890년 독일의 조그만 제약회사의 23세 청년 화학자 펠릭스 호프만은 이 나무를 연구하여 껍질과 잎에서 추출한 성분으로 아스피린을 개발했다. 그의 부친이 류마티스 관절염으로 인한 통증으로 괴로워했다고 하는데 그가 개발한 아스피린은 그의 아버지뿐 아니라 전 세계 통증으로 고통받는 사람들에게 희망이 되었다. 아스피린 개발로 바이엘사는 세계적인 제약회사가 되었고 그 판매 금액은 독일의 경제를 뒷받침할 정도까지 되었다고 한다.

  바이엘사는 여러 나라 버드나무 성분을 조사하였는데 우리나라 버드나무의 껍질과 잎이 유럽산에 비해서 2배 이상 높았다고 한다. 버드나무는 꺾꽂이 할 수 있어서 한국에서 가져다 독일에 심었는데 환경의 차이 때문이지 성분이 떨어졌다는 것이다.

  버드나무의 아스피린은 독일에 빼앗겼지만, 우리 주변엔 제2의 아스피린을 기다리는 풀과 나무들이 얼마든지 자라고 있을 것이라고 믿는다.

우리나라에서 제일 먼저 재배한 작물들

나는 신선초를 우리나라에서 제일 먼저 재배하기 시작하여 전국에 재배 붐을 일으킨 장본인이다.

신선초의 본이름은 한문으로 명일엽明日葉, 학명으로는 안젤리카Angelica keiskei, 일본에서는 아시다바ashitaba라고 한다. 우리나라에서 어떤 분이 신선이 만든 식물이라고 하여 신선초라고 이름을 내어 상표등록을 하고 특허를 내어서 신선초라는 이름으로 널리 알려져 있다.

내가 운영하는 밀알농원에서 신선초 재배를 시작하게 된 계기는 어머님 때문이었다. 1988년에 어머님이 혈액암으로 시한부 판정을 받고 병원에서 투병하고 있었다. 어느 날 김진홍 목사님이 운영하는 두레 공동체 교육에 참석하였는데 김천에 있는 수녀원에서 수녀님 한 분이 교육에 참석 하였다. 그 수녀님이 나에게 귀한 식물이 있는데 일본에서는 아시다바라고 하고 자생지가 일본이라고 하면서 이 식물을 재배하여 녹즙을 만들어 마시면 암도 예방할 수 있고 고칠 수도 있다고 말해 주는 것이었다.

나는 어머님께 녹즙을 만들어 드리면 혹시나 혈액암을 고칠 수 있을까 하는 기대로 2박 3일간의 교육을 마치고 그 수녀분과 같이 김천에 있는 수녀원에 가서 신선초 모종 50포기 정도를 구입하여 재배를 시작하였는데 어머님은 끝내 신선초를 드시지 못하고 별세하셨다.

1993년 신선초가 자라서 가을이 되어 1만 주 정도 씨앗을 만들어서 그 이듬해 봄부터 100평의 시설 하우스에서 재배를 시작하였지만, 그 당시 신선초라는 식물을 사람들이 잘 알지 못하여 신선초를 판매할 수가 없었다. 한 번도 신선초를 수확하지 못하고 그해 가을, 꽃이 피어 10만 주 정도의 신선초 씨앗을 받았다.

1995년 서울에 있는 우정건강식품 회사에서 연락이 왔다. 일본에서 이 식물로 만든 건강식품이 인기 상품으로 판매가 된다고 하면서 나에게 재배를 요청했다. 그래서 그해 신선초 생엽 1kg에 천 원에 납품하기로 하고, 시설재배를 해야만 하기에 시설재배 농가 다섯 분을 모집하여 작목반을 만들어 우정식품에 납품하였다.

그 당시 신선초 녹즙을 마시는 것이 유행되어 연중재배가 되어야 하였기에 우정식품에서 겨울 재배는 제주도의 3 농가에 계약

재배를 하였고 모든 신선초 묘목을 우리 밀알농원에서 납품하였다. 마침, 그때 남제주 농협에는 바나나 재배가 사양길에 들었다. 그래서 바나나를 재배했던 시설에 신선초 재배를 하는 붐이 일어나 남제주 농협에서 신선초 재배 강의 요청이 와서 10번 정도 교육을 했다.

밀알농원에서 그 당시 5,000평의 하우스에 신선초 재배를 하면서 1차 녹즙 가공까지 하였는데 전국에서 매일 견학하러 와서 내가 일을 하지 못할 정도였다.

그 후 전국에 신선초 재배가 늘어나고 녹즙 공장과 신선초를 만든 건강 제품이 많이 생산되었지만, 지금은 신선초 재배가 사양길에 들어가서 재배지가 많이 줄어가고 있다.

5년 동안 신선초 재배를 하다가 신선초 재배지가 늘어나고 과잉생산으로 신선초가 사양의 길로 접어들어 5,000평의 시설재배를 쌈 채소로 전향하였다.

지금은 아시아종묘회사가 우리나라 대표 종묘 회사 중 하나로 성장하였지만 1994년도에는 뚝섬에 있는 어느 뒷골목 철공소 2층에 사무실을 얻어서 수입씨만 판매하고 있었다.

그때 어느 분의 소개로 아시아종묘회사의 대표인 류경오 사장을 만났고 서로 거래하다 보니 매우 친해져 자주 식사하면서 무엇을 심어 재배해야 돈을 벌 수 있는지 상의하게 되었다. 그래서 치커리, 레드, 로메인, 상추 등을 재배하여 가락농수산물시장에 출하하였는데 처음 재배라 잘 팔리지 않았다. 그 당시 류경호 사장은 외국에서 처음 씨앗이 들어오면 제일 먼저 밀알농원에서 재배하였다.

밀알농원에서 아시아 종묘회사부터 제일 먼저 받은 씨앗이 방울토마토였는데, 그 당시 우리나라에서는 큰 토마토만 재배하고 있었다. 시교 품종으로 받은 방울토마토 씨앗으로 300포기 정도를 하우스에서 재배하였는데, 구슬 같은 열매가 한 가지에 대롱대롱 매달려서 빨갛게 익어서 따서 먹어 보았더니 큰 토마토보다 더 맛있었다.

잘 익은 방울토마토를 따서 시장에 출하하고 며칠 만에 다시 수확하여 그 당시 위탁 상회에 갔더니 방울토마토를 팔지 못했다고 했다. 납품한 상자를 보니 반 상자밖에 없어서 하나도 팔지 못했는데 왜 반 상자만 남아 있냐고 했더니 시장에서 상인들이 생전 처음 보는 작은 토마토를 보고 이것이 새끼 토마토냐고 하면서 한 주먹씩 가지고 가서 먹었다는 것이다.

모든 사람이 생전 처음 보는 작은 토마토라 신기하게 생각하고 구경만 한다는 것이다. 결국 팔리지 않아 방울토마토를 다 뽑아버렸다. 그 후 3년이 지나니까 방울토마토 재배가 늘고 소비가 확대되면서 방울토마토 붐이 일어났고, 다양한 색깔의 토마토가 재배되어 지금은 인기를 얻고 대중화가 되었다.

두 번째 아시아 종묘에서 받은 씨앗은 보우짱이라는 미니 단호박이었는데, 류경호 사장이 미니 단호박 씨앗을 주면서 일본에서 재배하는 책자를 주었다. 책자에서 보니 하우스에 망을 쳐서 공중 재배를 하는 것이었다. 200알 정도의 단호박 씨앗을 일본에서 재배하는 방식대로 재배하여 1천 개 정도를 수확하였다.

어떻게 소식을 들었는지 한양식품 대표인 이봉화 씨라는 분이 와서 보우짱 미니 단호박을 호텔 납품을 한다면서 개당 700원에 전량 다 수매해 가지고 갔다. 그 이듬해 대량 생산해 달라고 하면서 보우짱 씨앗 2만 개를 구입하여 재배해달라고 나에게 주었다.

그때부터 시작된 보우짱 단호박은 전국에서 재배가 되고, 나역시 아직까지 재배하면서 로컬푸드에 판매하고 있다.

세 번째 시교 품종은 만차랑 단호박이었다. 어느 날 아시아종묘의 사무실에 들러 류경호 사장의 이야기를 들었는데 일본에서 만차랑 단호박 한 포기를 100평에 심어 450개까지 수확했다고 하여 바로 아시아종묘 회사에서 만차랑 씨앗 7개를 받아왔다.

포트에 싹을 내어 100평의 하우스에 7포기를 심었더니 잎이 나와 세 마디만 남기고 잘라주고 엽순을 키웠는데 한 포기에 두 줄기 내지 세 줄기가 뻗어가면서 마디마디마다 뿌리를 내리는 것이었다. 3월에 파종하여 5월 말쯤 뿌리가 내려 마디마다 잘라서 만차랑 묘주를 500주 정도 만들었다.

내가 살고 있는 지역에 쌍봉산이라는 산이 있는데 그 산에 천 평의 밭이 있었다. 1997년 6월 20일쯤 양파를 수확한 후 만차랑 단호박을 심고 있었는데, 밭 가에 수정마을이라는 동네로 가는 2차선 도로가 있었다.

만차랑 호박을 5m 간격과 6m 간격으로 심고 있었는데, 동네 사람이 지나가면서 무엇을 심느냐고 물었다. 만차랑 단호박을 심는다고 하였더니 나에게 대뜸 "형님 미쳤수? 그렇게 드물게 심는 호박이 어디 있어요" 하면서 지나가고, 사람마다 지나가면서 한 마디씩 하는데 동네 웃음거리가 되었다.

그 후 만차랑 단호박을 심은 지 15일이 지나서 새 뿌리를 내리고 줄기가 뻗어가기 시작하더니 금세 호박 줄기가 온 밭을 다 덮어 버렸다. 8월이 되어서 비가 자주 내리니 호박 줄기가 하루 1m에서 2m씩 뻗어가는데 도로 쪽에 있는 호박 줄기가 지나가던 도로 한복판까지 뻗어 있는 것이다.

날이 밝아 차가 다니면서 길가에 뻗어 있는 단호박 줄기가 다 끊어져 버리는데 그 이튿날이면 다시 도로 한복판까지 뻗어갔다. 쌍봉산 쪽으로 심겨 있는 만차랑 단호박은 쌍봉산을 다 덮어버릴 기세로 뻗어가고 바깥에 칡넝쿨 밭이 있는데 만차랑 줄기가 칡넝쿨을 다 덮어 칡넝쿨이 다 고사할 정도였다.

10월 중순쯤 만차랑 단호박을 수확하러 밭에 가 보았더니 럭비공같이 생긴 단호박이 온 바닥에 깔려 있었다. 그해 5천 평에 만차량 단호박을 심어서 60톤 수확하여 인터넷 판매와 가락동 시장 판매를 시작하였고, 우정식품이라는 호박 가공 공판장에서 30톤 정도 수매를 해 주었다.

그 이듬해 전라북도 김제의 원예 조합장으로 재직하던 양태진 조합장이 아시아종묘에 거래 관계로 왔다가 만차랑 단호박 이야기를 듣고 4월 음료수 한 박스를 사서 내가 운영하는 밀알농원으로 찾아왔다. 만차랑 단호박 번식하는 방법을 알아보러 왔다고 해서 자세히 가르쳐 주었는데, 양태진 조합장은 육묘 전문가여서 그런지 한 번 보고 가서 만차랑 단호박 모종을 대량 생산하여 전국에 판매하여 만차랑 단호박 부흥을 일으켰다.

그 후 경북 예천에서, 충청남도 서산에서 만차랑 번식 방법을 배워가서 각 지역에서 만차랑 모종을 보급하였다. 밀알농원에서 만차랑 단호박을 시작한게 30년이 되었고, 지금은 전국에 많이 재배가 되어서 우리나라 학교 급식에 친환경으로 재배한 만차랑 호박을 납품하는 농가가 많아지고 소비가 많이 늘어서 호박 가공 공장이나 죽집 같은 곳까지 그 소비가 점차 늘어나고 있다.

돌이켜 보면 나는 새로운 작물들을 재배하면서 많은 것들을 배울 수 있었다. 성공한 것도 있지만, 뼈아픈 실패를 경험하기도 하고 시간이 지나면서 많은 것을 겪고 나서야 새로운 작물 재배에 성공하려면 단순히 작물을 키우는 것만으로는 부족하다는 것을 깨달았다.

　시장성을 고려하지 않은 채 섣불리 재배를 시작했던 나의 경솔한 판단으로 손해를 보고 고생을 많이 했다. 또한, 아무리 좋은 작물이라도 소비자에게 제대로 알리지 못하면 외면받을 수밖에 없다는 사실도 절감했다. 그런데 예전에는 새로운 작물이 시장에 정착하기까지 오랜 시간이 걸렸지만, 요즘에는 정보의 확산 속도가 빨라지면서 그 시간이 점점 짧아지고 있다. 하지만 여전히 농부의 노력 없이는 새로운 작물이 소비자에게 다가가기 어려운 것이 현실이다.

　새로운 작물 재배는 단순히 농가 소득을 높이는 것을 넘어, 우리 농업의 미래를 밝히는 중요한 과제다. 기후 변화와 식량 안보 문제가 심각해지는 상황에서, 다양한 작물 재배는 농업의 지속 가능성을 높이는 데 필수적이다. 또한, 새로운 작물은 소비자들에게 건강하고 다채로운 먹거리를 제공하며, 농촌 경제 활성화에도 기여할 수 있다.

　물론, 새로운 작물 재배에는 어려움이 따른다. 하지만 끊임없는 도전과 혁신을 통해 이러한 어려움을 극복해 나가야 한다. 농부들은 새로운 작물에 대한 정보를 공유하고, 협력하여 시장을 개척해야 한다. 정부와 관련 기관은 농부들을 위한 교육 프로그램과 지원 정책을 마련하여 새로운 작물 재배를 장려해야 한다.

나는 올해 나이가 78세이지만 아직도 새로운 작물이 있다고 하면 관련 정보를 찾아보고 재배해 보려고 한다. 새로운 작물은 농촌에 활력을 불어넣어 주고, 농부들에게는 새로운 꿈을 안겨줄 것이다. 우리 모두 힘을 모아 새로운 작물 재배에 도전하고, 농업의 새로운 지평을 열어 가자.

숲속의 소나무

　울창한 숲, 그 속에는 수많은 종류의 나무들, 야생화, 약초, 이끼와 미생물들이 서식한다. 그리고 그것이 품고 있는 새와 곤충과 짐승들. 그리고 그 깊숙한 곳에 숨겨져 있는 수많은 보물이 나를 향해 손짓하는 듯하다.

　우리나라의 소나무, 즉 적송은 뒷산에서도 쉽게 볼 수 있는 나무 중에 하나로 가장 흔할 뿐 아니라 땔감으로 당해 낼 것이 없었다. 우리 조상들은 목재를 태워서 나오는 그을음으로 먹을 만들어 공부하는데 사용하였고, 솔잎을 시루 밑에 깔아 송편을 쪄 먹었다. 또 소나무 목재로 집을 지어 대대손손 살다가, 죽으면 소나무 관속에 들어갔다.

　요즘 병충해로 고생하고 있지만 우리나라 산야에서 적송은 가장 보존할 가치가 많은 나무 중 하나다. 전국의 소나무 군락지에 가보면 같은 적송이라도 여러 가지 모양과 형태가 있음을 볼 수 있다. 소나무 주관이 붉은색인가 하면 검기도 하고, 껍질이 더덕더덕 붙어서 자라는 것, 가지가 처지거나 위로 뻗은 것, 키만 크는 것이 있는가 하면 옆으로만 크는 것 등 다양하다.

 이렇듯 소나무 품종마다 가진 장점과 개성을 유심히 살핀다면 무엇보다 관상수로서 높은 가치를 지닌다. 그렇지 않아도 적송은 관상수 중 가장 선호되고 높은 가격으로 거래된다. 고고한 멋과 아름다움을 지니고 있는 만큼 잘 개발하여 관상수의 심미적인 가치를 구성하여 키운다면 높은 수익을 창출할 수 있을 것이다.

 충남 서천의 지인 유용희씨는 오래전부터 이 분야에 관심을 쏟아서 전문가가 되어 있었다. 20년 전부터 우리나라 전 지역에 분포된 소나무 군락지를 찾아다니면서 희귀종, 변이종 소나무를 찾아내 소나무마다의 개성을 살려 상품화시키는데 성공하여 많은 소득을 올릴 수 있었다.

 대표적으로 '사목송蛇目松'인데 계절마다 소나무 색깔이 다르게 나타난다. 처음에는 노란색이었다가 여름이면 초록색과 하얀색으로 변한다. 가을과 겨울엔 황금색으로 바뀌는데 이를 삽수로 채취, 접목하여 재배하여 판매한다. 앞서 말한 다양한 형태와 색깔의 소나무의 특성을 잘 분리해 관상적 부가가치를 높이면 충분히 사업적 가치가 있다.

차를 타고 가다 보면 밭에 소나무를 많이 심어 놓은 것을 보게 된다. 많은 사람들이 소나무를 심어만 놓으면 무조건 자라게 되는 것으로 알고 있지만 제멋대로 자라면 땔감도 못 하게 된다. 조경업자들이 관상적, 예술적 가치의 소나무를 구하려고 돌아다녀 보아도 마음에 드는 소나무를 찾기란 그리 쉽지 않다.

어떻게 가치가 높은 소나무를 만들 수 있을까? 나는 소나무 군락지가 있는 산을 찾아가 먼저 소나무를 관찰한다. 키가 작고 유난히도 옆으로 많은 가지가 뻗은 것, 하늘로만 뻗은 것, 주관이 검은색인가 붉은색인가를 살핀다. 우리나라의 토종 소나무마다 그 특성을 잘 관찰하여 9월경에 마음에 드는 소나무를 선택하여 씨앗을 채취한다. 적송 중에서 잎이 가늘고 모양이 좋은 것을 택하는 것이 좋다.

내가 사는 마을의 옛날 공동 우물가에 수령 4백 년이 되는 소나무가 있는데 나무 둘레가 장정 두 아름이 되고, 2m 50cm 정도의 높이에서 옆으로만 뻗어 수형이 아름답고 우물을 덮고 있는 모양새가 멋스럽다.

9월이 되면 그 소나무에 달린 솔방울을 따 햇빛에 말려 씨앗이 튀어나오면 10월경 모상판에 파종하여 발아시켜 그 이듬해 밭에 밀식 재배한다. 모종이 40~50cm 정도 자라면 유인 철사로 원하는 모양을 만들어 간다. 밀식시켜야만 나무줄기가 가늘어져 유인 철사로 유인하기 쉬워진다.

이렇게 고정해 놓고 일 년 후에 철사를 풀면 자신이 원한 소나무 형태로 자란다. 그다음 5년 동안 잘 다듬어 주면, 심미적으로도 우수한 관상 소나무가 되어 일반 소나무보다 높은 가격을 받을 수 있다. 소나무만 아니라 주목, 구상나무, 향나무, 철쭉, 단풍나무 등 모든 꽃나무와 과실수까지 자기가 원하는 모양으로 만들어서 생산한다면 높은 소득을 얻는 나무 농사가 될 것이다.

우리나라 토종인 적송의 솔잎은 건강식품으로 만들 수 있다. 솔잎 차, 솔잎 음료, 솔잎 식초 등으로도 가치가 있다. 소나무가 우리 조상들과 고락을 함께해 온 데는 그만한 이유가 있다.

도라지와 들깨

　도라지와 들깨는 도시에서나 마을에서나 어디서나 쉽게 볼 수 있다. 수원 광교산 기슭에 주말이면 등산객들로 바글거린다. 그 등산로 길목에 노부부가 2,000평 정도 도라지를 재배한다. 도라지꽃이 꽃망울을 터트릴 즈음이면 도라지꽃 축제라는 큼직한 현수막이 밭 입구에 내걸리는데 70세가 넘은 노부부는 그동안 준비해 온 도라지 분말, 장아찌, 김치 그리고 금방 수확해 놓은 생도라지, 약도라지 술 같은 다양한 제품을 내놓는다.

　좋은 길목에다 볼거리 먹을거리를 함께 마련해 노후를 대비한 것이다. 이 노부부가 귀띔해 준 수입액도 놀라운 것이었지만 건강한 모습이 부러웠다.

　등산이나 운동을 하려고 광교산을 찾아오는 이들에게 건강한 채소, 건강한 식품을 판매하는 모습을 보면서 '누구든지 나이가 들어도 일만 할 수 있다면 이 부부와 같이 할 수 있구나!' 하는 생각이 들었다.

등산로나 관광지의 길목처럼 사람이 많이 다니는 곳에서 볼거리와 건강한 먹거리를 제공하는 것은 좋은 아이디어다. 좋은 판로가 준비되어 있지 않은 농사는 허사일 뿐이다

들깨는 별로 수입이 되지 않는 작물이어서 나는 가을에 심을 것이 마땅히 없을 때 비닐하우스 옆에 있는 자투리땅에다가 50평 정도 심어 20kg 정도 수확하여 들기름을 짜거나 들깨를 갈아서 먹곤 했다.

잠이 오지 않아 밤 12시가 넘어서 TV를 보는데, 양평의 어느 마을의 지도자가 평소에 일이 없는 마을 노인들과 협동하여 들깨 농사와 들깨 가공으로 좋은 수입을 올리고 있다는 내용이었다. 들깨는 잎, 꼬투리, 열매 등 버릴 게 없이 사용할 수 있는 장점을 가지고 있다. 가을이 아니라 이른 봄부터 들깨를 심어 잎을 따 시장에 낼 수 있고, 김치, 장아찌, 튀각, 들기름, 강정 등으로 가공해 판매할 수 있다. 옛날에 들깨를 이용해서 주식이나 간식으로 만들었던 방법을 이용하는 것이다. 요즘 들깨 농사는 열매보다는 깻잎 수확을 위주로 한다.

알타리 무 재배를 통해 생각해 본 농업 경영의 교훈

　화성시 우정읍과 장안면 지역은 50년 전부터 알타리 무 재배의 중심지였다. 이 지역은 붉은 황토와 배수가 잘되는 토질 덕분에, 전국에서 가장 먼저 알타리 무를 생산하는 지역으로 자리 잡게 되었다. 이 지역의 농부들이 알타리 무우 재배에 열광한 데에는 이유가 있다.

　서울 가락 농수산물 시장과 수원, 인천, 안양 등 대도시와의 근접성은 신선한 농산물 공급을 용이하게 했고, 이는 곧 높은 수익으로 이어졌다. 알타리 무우의 빠른 성장 주기는 -파종 후 40일 만에 수확 가능- 농부들에게 매력적이었고 작물가가 좋은 시기에는 1단에 4~5천 원씩 받을 수 있어 짧은 기간에 몇억의 수입을 올리는 것도 가능했기 때문이다.

알타리 무 재배 열풍과 그 그림자

알타리 무 재배가 짧은 기간에 큰 수익을 낼 수 있다는 매력 때문에 너도나도 알타리 무를 재배하면서 인근 농가에 열풍이 불기 시작하였다. 농가들은 앞다투어 재배 면적을 늘려갔고, 일부는 인근 지역뿐만 아니라 전라남도 해남이나 고랭지까지 –좀 더 일찍 출하하기 위하여– 진출하기도 했다. 그러나 이러한 열풍 뒤에는 짙은 그림자가 있었다.

너도나도 재배하기 시작하다 보니 과잉 생산은 필연적이었고, 그 결과는 처참할 수밖에 없었다. 어떤 때는 수확한 알타리 무를 시장에 내놓지도 못하고 트랙터로 갈아엎어야 했다. 알타리 무는 수확할 때 많은 인건비가 들게 되는데 알타리 무의 가격이 좋지 못한 경우 인건비도 나오지 못하는 경우가 발생하기 때문이다. 한 번의 실패로 몇억의 손실을 보는 일이 있었다.

더 큰 문제는 이러한 실패가 연속될 때 있다. 애초에 자기 땅에 자기 돈으로 재배하였다면 사정이 조금 나았겠지만 빚을 내어 시작한 사람들은 손실을 만회하려 또 알타리 무를 재배했고 농부들의 필사적인 노력은 종종 더 큰 재앙으로 이어졌다. 빚은 눈덩이처럼 불어났고, 감당할 수 없는 상황에 이르자 극단적인 선택을 하는 이들도 있었다. 농약을 마시고 생을 마감하는 농부들을 목격하기도 했다. 참으로 안타까운 일이다. 열심히 농사일을 했는데 빚을 감당하지 못하여 결국 죽음을 선택한 것이다.

그런데도 아직도 마치 도박하듯이 알타리 무를 재배하는 분들이 많이 있다. 내가 잘 알고 있는 60대 되는 분이 있는데 사업을 하다가 부도가 나서 신용 불량자가 되었는데 그것을 극복하기 위해서 남의 땅 8,000평을 임대하여 알타리 무를 재배하였다.

하지만 알타리 무 가격이 계속 좋지 못해 출하도 제대로 해보지 못하고 빚을 지게 되었고 그 이듬해 다시 시작해 보았지만, 이번에는 날이 가물어 빚이 더욱 불어나서 씨앗 값과 인건비를 주지 못해 빚에 시달리는, 너무나도 안타까운 모습을 보았다.

성공적인 농업 경영: 전략과 협력의 중요성

하지만 모든 농가가 실패하는 것은 아니었다. 화성시 장안면 사랑리의 삼 형제는 작목반을 결성하여 형제가 똑같이 투자하여 시설재배를 시작하였다. 1만 평의 비닐하우스를 세워 일찍 알타리 무를 재배하기 시작하여 이른 봄 시장에 제일 먼저 출하하여 높은 가격을 받고 하우스 알타리가 끝날 무렵 노지에 재배를 시작하여 다른 사람들보다 한 달가량 앞서 출하하다 보니 시장에서 좋은 가격을 받아내고 있었다.

시설 재배와 노지 재배를 병행하며 남들보다 앞선 출하 시기와 품질 관리를 통해 높은 소득을 올리고 있었다. 또 여름 장마기에 다른 사람이 재배하지 못할 때 시설재배를 하니 시설하우스 재배 1만 평과 노지 2만 평에서 1년에 나오는 수입이 10억 가깝게 된다고 한다. 삼 형제가 알타리 무우 농장을 통해 중소기업과 같이 소득을 내고 있었다. 이들의 성공은 농업 경영에 있어 전략과 협력의 중요성을 보여준다

농업은 더 이상 단순한 생산 활동이 아니다. 작물을 재배하여 생산만 한다고 해서 끝나는 것이 아니다. 현대 농업은 단순히 농작물을 재배하는 것을 넘어 시장 상황을 분석하고, 판로를 개척하며, 품질 관리를 통해 경쟁력을 확보하는 것이 중요하다. 또한, 영농 조합이나 작목반과 같은 협력체를 통해 생산, 유통, 마케팅 등 다양한 분야에서 시너지를 창출할 수 있다.

알타리 무 재배의 사례를 통해 실패와 성공 사례를 분석하고 배워, 이를 바탕으로 더 지속 가능하고 수익성 있는 농업의 미래를 만들어 나가야 할 것이다.

체험 농장

  10여 년 전 내가 다니는 교회에서 여름 청소년 하계 수련회를 위해 장소를 알아보다가 농협에서 매월 발간되는 전원생활 잡지에 소개되었던 야생화 체험 농장을 방문하게 되었다. 순천에서 국도를 타고 광주로 올라오는 중간 길목에 야생화 농장이라는 간판이 보이는데, 그 입구에서 500m 지점에 시설하우스와 함께 가마터, 습지를 갖춘 농장에는 수없이 많은 야생화가 자라고 있었다.
  수백 종의 야생화가 각기 다른 형태의 분에 담겨 판매되고 있고 습지로 만든 곳에는 다양한 수생식물이 자라고, 흔히 볼 수 없는 희귀식물도 재배되고 있었다. 화분을 굽는 가마터까지 있었다. 광주와 순천 사이에 농장이 위치해 있어 인근 군소 도시에 있는 유치원, 어린이집, 초등학교 등의 어린이들이 견학을 와서 체험할 수 있는 공간이었다. 어린이들만 아니라 누구든지 야생화에 대한 지식과 정서를 습득하기 좋은 곳이란 생각이 들었다.

체험 농장 가마터에서는 어린이들이 직접 진흙을 빚어 화분을 만들어 자기 이름을 새기면 가마에 굽고 그 화분에 꽃을 심어주는 체험을 하고 있었다. 인기가 좋아 예약이 항상 차 있을 정도라고 한다. 농장의 주인은 당뇨와 질병으로 고생하다가 귀농하였는데 건강도 좋아지고 높은 소득을 올리는 전원생활을 할 수 있다고 소개하였다.

남한의 인구는 대략 5,000만 명인데 2,000만 명 이상이 수도권인 서울과 경기도에 살고 있다. 지방엔 인구가 줄어드는데 수도권인 경기도에는 인구가 급증하고 있어서, 내가 사는 화성도 20년 전에는 인구가 5만도 채 안 되었는데 지금은 100만이 넘는 중형급 도시가 되었다. 산업화로 많은 공장이 세워지고 많은 곳들이 공장 건물들에 가려져 화성의 시골 마을 모습은 사라진지 오래다.

인구도 급증해서 곳곳에 고층 아파트, 원룸 등이 들어서게 되었고, 젊은 층의 유입으로 어린이집·유치원 또한 많이 생겼다. 주말에 젊은 부부들이 가까운 곳에 아이들을 데리고 나와 휴식을 취할 수 있는 곳을 찾기가 쉽지 않다. 교육기관들도 아이들에게 체험학습을 시킬 곳이 마땅치 않다. 딸기, 고구마, 무 등을 수확하는 체험 활동이 대부분이다.

　딸이 유치원 교사를 한 적이 있었는데 일 년에 2~3차례 체험학습을 위해 서울에서는 1시간 이상 걸려 체험농장으로 간다. 그러나 가보면 체험 조건이 별로 좋지 않고 볼 것이 없다는 것이다. 의무적으로 1~2시간 체험하고 서울로 돌아오게 된다고 한다. 오죽하면 나한테 좋은 체험농장을 하나 만들면 좋겠다는 말도 했었다. 주변에서도 제안을 받았었다. 그래서 가끔은 우리 농원을 체험 농장으로 멋지게 꾸며 볼까 생각도 해 보았지만, 장소가 시장의 중심에 있는데다가 규모가 얼마 되지 않아 조건이 좋지 않다.

　가까운 곳에서 체험농장을 운영하는 지인분이 있는데 500평 시설 안에서 각종 식물을 재배하여 그것을 구경하고 딸기 수확 체험을 하는 것이 전부였다. 규모에 비해 막상 체험 내용은 실속이 없다 보니 아쉬운 체험 후기들이 많았다. 시에서 운영하는 우리꽃 식물원도 있지만 투자한 예산에 비해 다양한 볼거리가 많지 않다.

　어떤 체험농장이 좋을까 생각해 보았다. 옛날엔 집집마다 닭을 키워서 닭들이 텃밭을 돌아다니며 모이를 줍고, 벌레들을 잡아먹는 모습을 쉽게 볼 수 있었다. 요즘에는 동물원에서 닭장에 앉아 있는 모습을 볼 뿐이다. 아이들에게 알을 낳고, 병아리가 깨어나고, 자라는 과정을 볼 수 있다면 더 없이 흥미 있고 유익한 체험이 될 것이다.

　옛날 우리들이 함께 살아왔던 새, 물고기, 개구리, 곤충, 여러

가축들을 지금은 아이들이 책이나 TV로나 보고 있다. 직접 오감으로 체험한다면 이보다 더 좋은 것은 없지 않을까?

체험 농장에 적합한 장소는 많다. 습지에는 연꽃 같은 수생식물이 자라고, 물고기나 개구리, 물방개가 서식한다. 숲속에서는 곤충들의 서식처를 관찰하며, 여치 집을 만들고, 계절마다 변하는 다양한 나무들의 열매를 따고, 초원에서 방아깨비를 잡고 풀과 꽃과 나물들의 이름을 외우고 꽃반지, 꽃모자 같은 옛날에 우리가 누리던 풀잎 장난감들도 만들 수 있다.

사라져 가는 옛 문화나 전통을 재현할 수 있는 장소도 좋은 체험농장이다. 예를 들어 배추나 무를 직접 심고, 그것을 수확하고, 김치도 담가 보거나 옛 물건들을 지역 어르신들과 함께 사용해 보는 것 같은 것 말이다.

지속적인 체험 활동을 할 수 있는 곳을 만든다는 것이 그리 쉬운 일은 아니다. 그래서 많은 체험 농장이 일회성인 활동을 주로 한다. 아이들이 예전만큼 다양하게 자연을 체험하고 경험할 기회가 부족하기 때문에 많은 교육기관에서는 현장 체험학습의 요구가 많아질 것이다. 그리고 좋은 체험농장이란 아이들이 빠듯한 일정과 제한된 공간 안에서 시간을 채우고 돌아가는 것이 아니라 그 공간 안에서 즐거움을 느끼고 체험하는 장소라 생각된다. 이런 가치에 염두를 두고 계획한다면 알리지 않아도 많은 이들이 찾아오는 공간이 될 것으로 생각한다.

수렁논

    나는 추어탕을 좋아한다. 몸이 으스스하고 감기 기운이라도 들면 미꾸라지 추어탕에 청양고추를 듬뿍 넣어 뜨근뜨근한 추어탕을 한 그릇 먹고 나면 감기 기운이 뚝 떨어지는 기분이다. 아내와 아들딸 남매가 추어탕을 워낙 좋아해서 추어탕을 먹으려고 자주 가는 편이다.

    어느 날 동네에 여러 사람이 모이는 모임에서였다. 읍내에 새로 개업한 추어탕집이 있는데 맛이 좋다고 소문이 나 장사가 잘된다는 이야기를 들었다. 거기서 한 분이 추어탕은 통째로 넣고 끓인 통추어탕을 먹으라는 것이었다. 왜 그러냐고 물었더니, 식당이 원가를 낮추기 위해 삶은 후 갈아서 만든 추어탕에는 고등어나 다른 물고기들을 섞어서 만들 수도 있기 때문이란다.

미꾸라지 가격은 비싸고 요즘 우리나라에서 잡히는 미꾸라지가 얼마 되지 않아 그나마 중국에서 수입하는 실정이라는 것이다.

어릴 적 마을 냇가나 논에 물을 대는 작은 수로에는 미꾸라지, 메기, 붕어 같은 민물고기가 많았다. 그물이나 소쿠리를 아래에 대고 풀숲을 밟아 고기를 몰아서 건져 올리면 금세 조그마한 양동이가 가득찼다. 잡은 물고기들을 고추장에 호박과 대파 같은 양념을 많이 넣어 큰 솥에다가 끓여 막걸리와 함께 먹던 추억이 있다.

겨울에도 물이 흐르지 않는 수로나 웅덩이의 언 곳에 물을 퍼내 땅을 파서 흙 속에 있는 미꾸라지들을 주워 올려 구워 먹던 생각이 난다. 그런데 그렇게 지천이던 미꾸라지가 이제 찾을 수 없을 정도로 사라졌다. 농약 때문이다.

벼나 작물을 재배하면서 살충제, 살균제, 제초제를 논과 밭에 수없이 뿌려대니 곤충과 잡초들이 수없이 죽는다. 그뿐만이 아니다. 곤충의 유충 같은 수생동물을 먹이로 삼는 미꾸라지도 살 수가 없다. 이같은 사정은 곤충을 먹어야 하는 개구리도 마찬가지다. 논에는 벼가 자라지만 다른 것이 살 수 없는 땅이 된지 오래다. 다행히 아직 오염되지 않은 산야나 습지가 남아 있다.

옛날엔 사계절 가뭄이 들어도 땅에서 물이 계속 솟아 나와 논바닥에 물이 마르지 않는 논들이 있었는데 그 논을 일등호답이라

부르며, 부자들만 가지는 논으로 다른 농가에는 부러움의 대상이었다. 이런 논은 고라시 논이라고도 하여 쌀에 윤기가 흐르고 밥맛이 좋았다.

이제는 웬만하면 수리시설이 잘되어 있어 모심기부터 수확 때까지 물을 마음대로 관리할 수 있고 사람 손으로 하던 일들이 기계화되어서 웬만하면 농사 짓기에 어려움이 없다.

하지만 사계절 찬물이 도는 논들은 기계가 들어갈 수 없어 누구라도 농사짓기 힘든 하답이 되었다. 시골에 가 보았더니 이런 논들은 농사를 짓기도 힘들 뿐 아니라 장화를 신거나 맨발로 들어가서 낫으로 벼를 베어야만 수확할 수 있으니 경작하지 않아 잡초와 갈대만 자라고 있을 뿐이었다.

이렇게 버려진 논들은 미꾸라지, 메기, 가물치 등 물고기를 키우기에 적합하다. 이런 곳들은 많다. 물이 항상 차 있지만 농사를 짓지 않아 갈대와 부들이 자라는 습지와 수렁논이다. 또한 산골짝 물이 항상 흐르는 다랑논들도 있다. 이런 곳들은 어디 가든지 대개 버려져 있어 비교적 싼 가격에 매입할 수 있다. 농약에 의해 오염되지 않아 이곳에 수생식물과 곤충과 물고기가 살 수 있는 터전을 만들 수 있다.

행복 농원은 내가 살고 있는 마을에서 4km 정도 떨어진 곳에 있다. 농원을 만든 주인은 나이 들어 사업을 정리하고 농원 자리를 찾던 중 장안뜰이란 평야지에, 산이 가깝고 구석진 곳에 항상

물이 차 있고 갈대만 무성히 자라는 3,000평의 습지를 발견하였다. 어디서 물이 나오는지 모르지만, 기계가 들어갈 수 없어 논농사를 못 하는 곳이어서 아주 싼 가격에 사들일 수 있었다.

중고 굴착기를 마련해 습지를 정리하고 둑을 쌓고 칸막이를 만들어 민물고기를 키우고 연을 심었다. 또한 주위를 정리하고 둑에 조경수를 심고 빈 공간에는 야생화를 심어 근사하게 꾸몄다. 그곳에서 추어탕과 매운탕을 만들어서 팔고 휴식과 낚시 등을 할 수 있는 휴양시설과 식당을 운영하는데 성업 중이다.

꿀벌의 가치

'지구상에서 벌들이 사라진다면 인류는 멸망할 것이다'라는 아인슈타인의 말은 사소한 생태 훼손이 불러올지 모르는 심각성을 경고할 때 자주 인용된다.

우리나라 전역에는 비닐하우스 시설이 잘되어 있는데 비닐하우스는 추운 겨울이나 폭우가 쏟아지는 여름이나 1년 내내 계속 재배할 수 있는 사계절 농업이 가능하기 때문이다. 나는 벌을 키우는 사업이 미래의 산업이 될 것이라고 생각해 본 적이 한두 번이 아니다. 열매채소는 반드시 수정되어야 열매가 달린다. '지베린'이라는 약은 성장촉진제일 뿐 그 약이 수정을 해 주는 것은 아니다. 밀폐된 공간인 하우스 안에서 타화수분이 되어야 하는 열매채소를 재배할 때 하우스 농가는 손이 많이 가는 인공수정을 해

주든지 아니면 보다 능률적으로 하기 위해서 수정벌을 하우스 안에 풀어 두어야 한다.

나는 만차랑이라는 단호박을 20년 이상 대량 재배하여 전국에 죽집이나 가공공장에 납품해 왔다. 옛날에는 호박꽃이 필 무렵이면 온갖 벌들이 날아와 호박꽃마다 다니며 수정을 잘 해주어 엄청난 수확물을 거두어들였다.

요즘에 와서는 호박꽃은 수도 없이 피고 지는데 해가 갈수록 호박은 열리지 않고 다 떨어져 버리는 것이다. 소량 재배 농가라면 아침마다 숫꽃을 따 일일이 암꽃에 수정을 시킬 수 있지만 우리처럼 대량 재배 농가는 엄두가 나지 않아 그대로 놔두는데 예전과 같은 수확량을 기대할 수는 없는 것이다.

2018년 여름에는 너무 더워서인지 호박 밭에 벌들이 보이지 않더니 역시 가끔가다 호박이 하나 달리고 수확량이 형편없이 줄어들었다. 분명히 벌들이 사라지고 있다는 증거다. 지구상에 벌들이 사라져서 수정이 필요한 수많은 식물, 작물, 과일 등 우리의 먹거리가 생산될 수 없게 된다는 것은 생각만 해도 끔찍한 재앙이다.

생태계 변화로 자연에서 벌들이 줄어드는 것을 피할 수 없다면 인간이 벌을 보호하거나 직접 키우고 번식시키는 길밖에 없다. 귀농을 생각하지만 망설이게 되는 경우 꿀벌 키우기를 고려해 보는 것은 어떨까? 양봉은 비교적 쉽게 배울 수 있고 적은 자본으로도 시작할 수 있다. 또한 어느 곳이든 가능하다. 대도시에도 빌딩 옥상에서 꿀벌을 키워서 꿀을 생산할 수 있는 정도다. 주변에 가로수, 조경수와 꽃들이 많기 때문이다.

지금 사람들이 다 떠난 농촌 마을이나 산속의 땅들에 밀원을 조성해서 꿀벌을 키우는 것은 어떨까. 향기 가득한 꽃들과 허브들 사이를 날아다니는 벌들과 함께하는 것은 비단 사라져 가는 벌들을 보호하여 생태를 보존하는 큰 목표가 아니더라도 좋은 것이다.

노래하는 마음

> 별을 노래하는 마음으로
> 모든 죽어가는 것을 사랑해야지

윤동주 시인의 '서시' 일부로 내가 특히 좋아하는 대목이다. 죽어 간다는 것은 아직 살아 있다는 증거이고, 이 세상을 살아가는 생명들이 괴로워하면서 하늘을 바라보기 때문이다.

하나님께서 땅과 바다, 산과 들을 만들고 그곳에 살아 숨 쉬는 모든 만물을 창조해 놓으셨다. 그것을 지키고 다스리라고 마지막으로 인간을 만들어 놓았는데 우리 인간들은 이 지구상의 모든 생물을 사라지게 하는 장본인이 되어가고 있다. 이제 죽어가고 사라져가는 것들을 지켜야 한다. 그렇지 않으면 환경이 오염되고 기후

가 변하고 결국 인간마저 멸종될 것이다.

바라만 보고 있을 때가 아닌 것 같다. 옛날에는 삼월 삼짇날 강남 갔던 제비가 다시 찾아와 문밖에서 울면 봄이 온 것이었다. 처마 밑에 흙을 물어다 집을 짓고, 알을 낳아 품어 새끼가 나오면, 곤충이나 작은 물고기를 물어다가, 머리를 흔들고 소리 지르며 크게 벌리는 노란색 입에 넣어 주었다. 제비들이 파란 논 위에 미끄러지듯이 날아다니는 모습은 여름날의 풍경이었다.

이젠 그것은 흥부전에서나 나오는 옛날이야기가 되었다. 지금 이들에게는 먹이가 없어졌다. 그때는 따듯한 흙길에 흔한 쇠똥구리가 소똥을 굴리고 반딧불이 냇가의 풀숲에서 여름밤을 어지럽게 날아다녔다. 그렇게 많던 새와 곤충들이 많이 사라졌다. 그리고 그나마 살아남은 몇 가지 곤충들이 있어도 어미가 먹고 새끼도 먹을 때, 그다음 낳은 알은 농약에 중독돼 무정란이 된다. 번식을 못 하게 되고 그다음 해에 되돌아올 제비조차 사라진다.

이러한 현상들은 비단 동물에게만 나타나는 것이 아니라 우리 인간에도 많은 영향을 끼치고 있다. 인간 또한 많은 화학제품을 사용하고 있고 환경의 오염으로 인해 원인 모를 질환이나 무정자증, 난임과 같은 현상들이 많이 발생한다.

다산 정약용 선생은 하농은 잡초를 키우고, 중농은 곡식을 키우고, 상농은 땅을 살찌운다고 하였다. 땅을 사랑하는 마음으로 온갖 유기물을 넣어 땅을 숨 쉬게 만들어, 미생물과 지렁이들이 자라는 땅에서 수확한 곡식과 채소, 과일이 우리의 건강을 지키는 것이다.

농사는 자연재해에 민감한 업종이다. 한순간에 속수무책으로 당하고 나면 희망이 순식간에 물거품이 된다. 2010년 10월에는 강력한 태풍 곤파스로 산에 나무들이 뽑히고 부러졌을 때 농가의 시설물 또한 무너져 내렸다.

2013년 12월에는 중부지방에 눈이 30cm 이상 내려 또다시 하우스, 축사 등이 무너졌다. 열심히 가꾸어 놓은 꽃이며 농작물들도 버리게 되었다. 2020년엔 코로나19로 농민들뿐 아니라 모두가 경제적 어려움을 겪고 있다. 지금 팬데믹(Pandemic)에 대해 혹자는 신은 죽었다고 이야기하거나 하나님을 믿는 사람마저도 하나님이 정말 있는 것인지에 대한 의구심을 갖는다.

하나님께서는 이 세상 모든 사람에게 경고하고 있다. 자연을 파괴하고 타락으로 가고 있는 인간의 모습을 보고 정신 차리라고 시련을 주시는 것이 분명하다. 나는 지금까지 몇 번이나 넘어졌지만 희망을 품고 다시 일어서곤 했다. 비록 더 나아진 것은 없을지라도. 그것이 농업이고 삶이다.

희망은 약자에게 용기를 주고 가난한 자에게 꿈을 주고 불쌍한 사람에게 위안을 주며 병든 자에게는 소망의 빛을 준다. 소망은 하나님의 말씀이다.

네덜란드 벽면 조경

 딸이 네덜란드로 시집가게 되었다. 2017년 여름, 결혼식에 참가하기 위해 아들과 함께 말로만 듣던 '풍차의 나라'로 향하는 비행기를 타게 되었다.
 결혼식을 마치고 그곳에 사는 사돈과 3일 동안 같이 다니면서 네덜란드의 이곳저곳을 자세히 살펴볼 수 있는 기회가 있었다. 그중에 옛 왕궁이었던 '헷 루(Het Loo)'라는 성에 가게 되었는데 네덜란드 역대 왕들이 살았던 곳이라 한다. 규모가 상당할뿐더러 왕궁의 주위 건물과 큰 나무들이 질서 정연하게 서 있는 것을 볼 수 있었다. 그 웅장함과 아름다움에 잠시 넋을 잃을 정도였다.
 특히 건물 벽면이나 담장 옹벽에 아름답게 벽면 조경을 한 것이 유난히 나의 눈길을 끌었다. 꽃나무, 과일나무 등을 벽면에 붙

여 조경해 놓았는데 그 상태로 사과, 배 등 열매가 열리게 만들어 놓았다. 꽃나무는 질서정연하게 가지를 유인하여 한 폭의 식물 그림을 붙여 놓은 것 같이 아름다웠다.

어떻게 저런 벽면 조경을 하였는가 싶어 유심히 보았는데 그렇게 어려운 것 같지는 않았다. 벽 크기에 맞는 꽃나무, 과일나무를 선정하여 벽 밑쪽에 자동으로 물을 줄 수 있는 화분을 놓고 나무를 심어 지속적으로 나무를 벽에 유인하여 키워 나가는 것이다. 누구든지 잘 할 수 있는 방법이고 실제 많은 네덜란드인은 개인 정원에서도 이러한 방법으로 벽면 조경을 하고 있었다.

네덜란드의 거리 풍경은 암스테르담, 헤이그와 같은 대도시 중심가에는 고층 건물이 많지만, 중심가를 벗어나면 거의 3층 미만의 일반 주택들이 잘 짜인 조경과 함께 조화를 이루어 형성되어 있었다. 자동차로 거리를 달리면서 보이는 도로, 담장, 옹벽에도 벽면 조경이 잘되어 있었다.

며칠간의 여행을 끝내고 한국으로 돌아오며 비행기 밖을 바라보니 우리나라 도시는 삭막한 빌딩들이 숲을 이룬 것을 볼 수 있었다. 그 순간 삭막한 건물, 아파트, 길가에 세워져 있는 방음벽, 토사를 막기 위한 옹벽에 벽면 조경을 잘해 놓는다면 건물과 조화를 이루는 아름다운 도로가 될 수 있을 거라는 생각이 들었다.

나도 작지만 조경 사업을 하고 있던 터라 한국에서도 충분히 시도해 볼 만하다고 생각했다. 경기도 이천 신갈리에 우리 꽃 영농조합이 있다. 그곳의 박 대표님은 20년 전부터 세계 여러 나라에서 자생하거나 생산되는 꽃과 나무를 수입하여 우리나라 전역에 분양하고 있다.

또 벽면녹화라는 사업도 시작하여 그 기술이 상당한 수준에 와 있는 것으로 알고 있다. 삭막한 빌딩 벽이나 관공서 벽에 많은 여러 가지 식물 그림으로 장식하는 사업이다. 그러나 인건비와 투자비가 많이 드는 단점이 있다고 한다. 그에 비해 벽면 조경은 자본이 많이 들지 않고 누구나 시도할 수 있는 장점이 있다. 앞으로 도시의 삭막한 건물, 옹벽, 방음벽 등이 벽면 조경으로 한층 아름답게 될 수 있는 날을 기대해 본다.

벽면 조경은 치유농업의 방편으로서 매우 유용하다. 치유농업은 사회적 농업, 녹색 치유농업 또는 건강을 위한 농업이라고도 부르는데 도시 안에 농촌 경관을 활용해서 정신적·육체적 건강을 회복하기 위해 시작된 농업이다.

아파트 베란다 화분에 꽃을 기르며 위안을 얻는 사람들이 많다. 시멘트와 아스팔트가 뒤덮인 거리 사이에 정원을 만들어 과로나 스트레스를 겪는 도시인에게 정서적 안정과 심리적 만족을 주는 것도 하나의 방법이라고 할 수 있다. 치유농업은 귀농에 대한 긍정적인 인식을 느낄 수 있는 좋은 방법이기도 하다.

네덜란드 벽면 조경

네덜란드 벽면 조경

네덜란드 스마트 팜

　2017년 12월에 다시 네덜란드를 찾게 된 이유는 그해 여름에 있었던 딸의 결혼식에, 건강 문제 때문에 아내가 참석지 못했던 것이 주된 이유였다. 이제 아내가 웬만큼 회복되어 함께 딸네 집으로 갈 수 있게 된 것이다. 그리고 이번엔 15일 일정이어서 그 나라 여러 곳을 자세히 볼 수 있는 기회였다.

　네덜란드Netherlands는 '저지대 국가', '저지방'을 뜻하는 말에서 유래 되었듯이 국토의 4분에 1이 해수면보다 낮다. 역사를 보면 1579년 프로테스탄트 신도들 중에 장로교 신도들이 건국하였는데 존 칼빈의 제자들이었던 장로교 신도들은 절약, 검소, 근면하여 바다 수면보다 낮은 국토의 25%에 이르는 땅을 땀과 눈물로 일구어 부국을 이룰 수 있었다.

이 나라는 인구밀도가 높아 한반도의 5분의 1에 불과한 땅에 1,700만 명 정도가 모여 산다. 네덜란드는 1년 중 흐리고 비 오는 날이 많아 농작물을 키우는데 좋은 조건을 가지고 있지 않다. 그런데도 스페인, 이탈리아나 그리스와 같이 날씨 기후 조건이 아주 좋은 남부 유럽 국가의 농업을 제치고 토마토, 파프리카, 꽃 등은 따라올 수 없는 기술을 보유하고 있다.

1990년에 들어와 인구 1,600만의 네덜란드가 남부 유럽 국가 전체 토마토 생산량보다 더 많은 양의 토마토를 해외 시장에 내다 판다. 지중해에서는 토마토가 신의 선물이라면 네덜란드에서는 인간의 작품이라 불린다. 그만큼 좋지 않은 날씨와 조건을 가졌음에도 농산물 수출액이 미국에 이어 2위이다.

가는 곳마다 거리와 도로, 자전거 도로, 산책로가 잘 짜여 있었고 시가지와 주택 주위에는 넓은 공원과 나무와 호수, 운하들이 조화를 이루었다. 넓게 펼쳐진 초원의 목장과 과수원, 유리온실이 한 폭의 그림 같았다.

딸은 네덜란드 선조들이 손으로 넓은 갯벌을 막아 소금과 싸워서 이렇게 아름다운 낙원으로 만들어 놓았고, 무엇이든지 자연 원래대로 되어 있는 것이 하나도 없다는 것이다. 우리나라의 서해안 간척지가 떠올랐다. 새만금 간척지 같은 우리나라 서해안 간척지는 끝이 보이지 않을 만큼 우거진 갈대와 잡초들로 가득하다.

20일 아침 6시 암스테르담 부근에 있는 알스미어 꽃 경매장 Aalsmeer Flower Auction에 갔다. 사위가 예약해 두어서 관람할 수 있었는데 놀라지 않을 수 없었다. 이 나라는 꽃의 나라였다. 축구장 200개 넓이의 경매장에 하루 거래되는 양이 세계 꽃 거래량의 80%인 2,000만 송이와 200만 개의 화분이 거래된다고 한다.

이 나라는 꽃들을 개량하여 다시 비싼 가격으로 파는 것으로도 유명하다. 하나의 품종을 개발하는데 10년 이상, 10억 달러 이상을 투자하는 경우도 있다고 한다. 개량된 품종은 국제적인 지적재산권을 인정받아 그 로열티 수입만도 무시할 수 없는 것이다. 품종개량뿐 아니라 첨단 온실, 운송, 판매, 경매 등에서 세계 최강으로 발전해 온 것이다. 꽃 수출 세계 1위라고 할 만한 광경이었다. 꽃 시장뿐 아니다. 리세시Lisse 부근의 쿠켄호프Keukenhof에서 3월과 5월 사이에 열리는 꽃 전시회에는 세계에서 200만 명 이상의 관광객이 몰려와 꽃 축제를 즐긴다.

그 대표가 되는 꽃이 튤립이다. 튤립은 네덜란드의 국화이지만 원산지가 터키고, 터키의 국화이기도 하다. 튤립은 16세기 후반부터 유럽 전역에 퍼졌고 특히 귀족들 사이에 순식간에 매료되었다. 특히 바이러스의 감염이나 돌연변이로 변종이 되어 아름답게 된 품종에는 그야말로 열광이다. 튤립은 단기간에 늘리기 어려운 품종이어서 인기 있는 신종이 만들어지면 바로 품귀 현상이 발생한다. 이 때문에 17세기에는, 큰돈을 벌 수 있다는 튤립 파동이 발생해 구근 하나에 1억 6천만 원이 된 적도 있었다고 한다. 경제학에서 거품bubble현상으로 자주 인용되는 유명한 일화다.

아무튼 튤립은 아직도 유럽인들을 매로시킨다. 또한 간척지인 네덜란드의 소금기 많은 땅에서 잘 적응하고 있다. 내가 사는 곳은 경기도 화성, 바다를 막아 만든 간척지 부근이다. 갈대와 잡초가 우거진 그곳에 네덜란드인처럼 가축이 풀을 뜯는 초원과 유리 온실이 들어설 수는 없을까. 험한 바다를 막아낸 그들에 비해 우리는 얼마나 좋은 자연을 물려받았는가.

잠을 자다가 창밖이 훤해지는 것 같아서 시계를 보았는데 아직 5시였다. 네덜란드의 겨울은 아침 8시나 되어야 해가 뜬다. 알고 보니 그 근처 유리 온실 단지에서 수많은 전기 불빛으로 농작물을 키우기 위해서 켜놓은 것이라는 것을 알게 되었다.

22일에 스마트 팜 농업으로 시설이 된 첨단 유리 온실을 구경할 수 있었다. 암스테르담에서 북쪽으로 30분을 달리면 수백만 평의 간척지에 세워진 대형 유리 온실들이 늘어서 있다. 1천 ha에 이른다고 하는데 끝이 보이지 않는다.

그곳에 10개의 농가가 입주해 각 농가가 50~100ha 규모의 온실에 토마토를 재배하고 있었다. 넓은 농장에서 농부들은 자전거로 이동하고 있었으며 10m 높이의 유리 벽은 거대한 토마토 공장 같았다. 온실 곳곳에 각종 감지기가 설치되어 있어 온도, 습도, 조명, 작물의 수분과 영양 상태가 체크되어 제어기가 작물이 생육하기에 최적인 조건을 유지해 주었다. 이곳에서 하루 약 30톤, 연간 6,000톤의 토마토가 생산된다니 상당한 규모다.

네덜란드 농업은 ICT 기술을 활용한 자동화 유리 온실이 많다. 유리 온실에서의 수경재배 농법으로 불리한 자연환경을 극복하고 온도, 습도 등을 컴퓨터로 자동 조절한다. 네덜란드에서는 몇 가지 작물에 집중했는데 적은 일조량과 노동력으로 재배가 가능하며 다른 유럽 국가들의 수요가 높은 파프리카, 토마토, 오이 등 부가 가치가 높은 원예 작물들이다.

이런 스마트 팜 방식으로 생산한 농산물의 단위 면적당 생산량은 우리나라 농가보다 10배 이상이라고 한다. 95%가 과학이고, 5%가 노동이라는 정신에 입각한 네덜란드 농업의 힘이다. 중국은 매년 5,000명씩 농업 청년들을 네덜란드에 보내 교육하고 있다.

우리나라의 간척지와 그 주변의 드넓은 갈대밭이 떠올랐다. 언젠가 그곳에 대규모 유리 온실을 설치한다는 계획을 들은 적이 있다. 2018년 농민신문 기사에서 정부 스마트팜 혁신밸리 대상지역 선정이라는 발표를 읽은 적이 있다. 2022년도까지 전국 4곳, 상주에 2곳, 김제에 2곳을 먼저 선정하여 임대형 스마트팜, 신흥단지, 첨단 보육센터 등의 시설을 운영한다는 계획이었다.

하지만 농민 단체는 강하게 반발하는 것 같다. 수익성과 지원, 자금의 회수 문제, 소규모 농가와의 형평성 문제 등 아직 해결하여야 할 난제가 있는 것으로 보인다.

네덜란드 강점은 젊은 일꾼들이 늘 농업 분야에 공급되고 있다는 것이다. 노인들만이 남아 농촌을 지키고 있는 우리나라와는 크게 대조가 된다. 네덜란드는 유연하고 일관된 농업 교육 정책을 유지하고 있다. 초등학교 6학년 정도가 되면 지난 6년간의 활동을 바탕으로 학생이 진학할 학교를 추천한다. 즉 초등학교에서부터 진로를 결정한다. 하나는 직업학교에 가는 것으로 졸업 후 농업이나 산업현장에서 근무하는 직업을 갖게 되고, 다른 하나는 인문계 학교로 가는 학생으로, 졸업 후 대학에 진학한다.

이런 교육시스템을 통해 다양한 직업군을 장려하고 있다. 특히나 농업은 네덜란드 경제에서 가장 큰 비중을 차지하고 있는 만큼 국가에서 교육 지원을 아끼지 않는다. 또한 청년 농부들에게 스마트 팜 시설을 국가에서 제공하고 이익금에서 조금씩 갚아 나갈 수 있도록 해주고 있다. 또한 생산된 농작물들은 안정적으로 국가적 시스템을 통해 유통되고 있다.

우리나라도 기후변화에 심각성을 인식하고 첨단 농업 시스템에 국가적 투자를 아끼지 말아야 한다. 더불어 교육시스템에서부터 농업에 대한 부정적인 인식을 개선하고 인재를 육성해야 우리나라의 농업도 도약할 수 있다.

다음 날에는 아침 6시에 하우턴Houten시에 있는 지역 농산물 경매장에 갔다. 여기서도 관람을 위해서는 사전 예약이 필요하고 간단한 신원 확인을 거쳐 들어갈 수 있었다. 경매는 모두 전자 경매로 이루어지는데 우리나라 농산물 시장 같이 마이크로 주고받는 것이 아니라, 중간 도매인들이 진열된 수많은 농산물을 자신의 전화기에 입력시켜 놓았다가 경매장 큰 사무실 안에서 앞에 뜨는 화면을 보고 책상 앞에 앉아 버튼을 눌러 경매된다.

경매된 농산물은 즉시 차에 실려 하우턴시 전 지역에 배달 운송되는 것을 볼 수 있었다. 사위의 통역으로 경매장 담당자에게 유통시스템을 물어보았는데 우리나라와 많이 달랐다. 하우턴시의 인구는 50만 정도로, 경매장과 유통 상인들을 통해 그 지역 농민들이 지역 소비자들과 서로 연결되어 있는 체제였다. 중간 유통인들은 다른 지역 농산물을 절대로 취급하지 않는다고 한다.

농민들이 농산물의 생산원가를 제시하면 유통인들은 품질에 따라 안정된 가격에 경매하여 지역 농산물을 지역 소비자들에게만 판매케 한다. 이렇게 지역 농업인과 지역 소비자들이 더불어 살아가는 모습은 우리 100만의 화성 시민에게 결코 남의 일로 느껴지지 않는다.

안데르센의 노래
히스의 황무지

하나님이 황무지를 선물로 주셨다
아득하게 끝이 없는 황무지
나무 한 그루 보이지 않는 히스의 벌판

이것이야말로
창조의 신이 용기와 시금석으로 우리에게 주신 선물

오늘에 모든 불모의 거친 벌판들은
수풀과 목장으로 변하여 푸르러졌다

오 감격스럽다 덴마크의 굳센 정신
가슴에 벅찬 소원을 이루고야 말았다

나는 이 노래를 수도 없이 읽고 또 읽는다. 평생 배운 것이 땅 파는 농사꾼이어서 힘겹고 때때로 좌절하지만, 다시 이 노래를 읽으며 나 자신을 꿋꿋이 일으켜 세우곤 한다. 덴마크의 춥고 황량한 히스의 황무지를 일군 개척자의 땀과 열정을 내 마음속에 불어넣는다.

덴마크는 독일 북쪽 북해에 접한 유틀란트 반도와 부근에 흩어진 400여 개의 섬들로 이루어져 있다. 크기는 한반도의 5분의 1 정도이고 인구는 560만 명으로 북풍이 심하여 농사짓기에는 불가능에 가까운 조건이다. 연평균 강우량도 우리나라 반도 안 되는 650mm에 그친다.

유틀란트 반도는 황무지로 토양이 메마르고 바람이 심한 모래 언덕이다. 북풍을 막아주는 산이 없으므로 습기를 품은 바람이 연중 300일 넘게 불어온다. 일 년 내내 날씨가 음산하고 을씨년스럽다. 자연조건이 이러하니 농작물이 제대로 자랄 수 없었다.

1864년 프로이센과 오스트리아 연합국과의 전쟁에 참패하여 유일하게 기름진 땅인 슐레스비히 홀슈타인마저 상실하게 된다. 남은 것은 북쪽의 히스 황무지, 고아, 과부, 상이군인 그리고 상처받은 민족의 자존심뿐이었다. 국민들은 실망과 절망에 빠져들고 희망을 잃은 국민들은 점차 몰락의 구렁텅이에 빠져들고 있었다.

이때 덴마크 국민들 특히 젊은이들에게 꿈을 실어 주고 희망과 용기와 미래를 열어 갈 수 있는 사상을 심어 주는 영적인 지도자 그룬트비가 있었다. 또한 달가스는 '조국의 땅을 살리자', '밖에서 잃은 것을 안에서 찾자'를 외치면서 불가능해 보이는 일에 도전하였다. 그들은 알고 있었다, 도전이 실패로 끝나게 된다면 덴마크는 더 비참하게 된다는 것을. 그래서 황무지에 나무를 심고 흙을 가꾸고 물 빠진 수로를 만들고 퇴비를 만들며 그들은 밤낮을 가리지 않고 열심히 일을 하였다.

달가스를 중심으로 히스협회에서 개척 사업을 했는데 가장 어려운 것은 나무 심는 사업이었다. 북쪽 발트해협에서 불어오는 사나운 바람을 막지 못하면 농업을 일으킬 수 없었다. 바람을 막아 낼 수 있는 유일한 길은 나무숲을 가꾸는 일이었는데 몇 번의 실패를 하면서 그것을 이루어 내고 옥토를 일구어 갔다. 이들 개척 지도자의 애국심은 국민들 가슴으로 번져 가게 되었다.

크리스텐 콜트는 1816년 유틀란드 서쪽 한 시골 마을에서 태어난 전직 초등학교 교사였는데 교사 생활을 하다가 그룬트비 목사의 설교에 감명받아 생애를 바쳐 국민교육 실천에 헌신하기로 하였다. 1815년 자유 학교를 설립하여 농업을 일으키는 일꾼을 길러내는데 몸을 바쳤다.

덴마크인들은 악조건에서 악전고투하면서 방풍림을 만들어 바람의 피해를 줄이고 억척같이 노력하여 일류 농업국가를 만들었다. 나는 이들의 자취를 몇 번이나 읽으며 최악의 환경에서 부국으로 만들어 가는 개척정신과 도전정신을 생각한다.

어려운 상황, 환경 속에서도 부국으로 일으켜 세운 분들은 기독교 정신을 이어받은 목사들이 많았다. 네덜란드 존 칼빈, 스위스 앙리 네슬레, 덴마크 그룬트비, 이스라엘의 하임바크만 수상은 모두 목사들이었다.

우리나라도 36년간 일제 강점과 한국전쟁으로 폐허가 되었다. 산에는 나무가 사라진 붉은 민둥산이었다. 먹을 것이 없어 보릿고개를 넘기지 못하고 굶기도 하였다. 길거리에는 밥을 얻어먹는 거지들을 어릴 적에 수없이 보았다.

하지만 지금은 푸르른 산과 풍요로운 들판이 우리를 기다린다. 거지가 사라진 지도 오래되었고 국민들은 다이어트를 걱정하는 시대가 되었다. 하지만 잘사는 나라가 되었어도 삶의 질은 아직 크게 나아지지 않았다. 오히려 점점 심해지는 빈부 격차나 인구 문제로 황폐해져 가는 농촌 문제, 불안한 노후 생활 문제 등 해결해야 할 문제들이 많이 있다.

이럴 때 교회가 해야 할 사명이 많다고 생각한다. 개인주의가 팽배한 이 시대에 예수님의 사랑을 본받은 기독교인들이 황폐해져 가는 시대를 개혁하고 열심히 땀 흘려 일하면서 행복을 찾는 모범을 보여야 한다고 생각한다.

꿈은 이루어진다

그 후에 내가 내 영을 만민에게 부어 주리니 너희 자녀들이 장래 일을 말할 것이며 너희 늙은이는 꿈을 꾸며 너희 젊은이는 이상을 볼 것이며 (요엘 2장 28절)

    이 성경 말씀을 읽을 때마다 이 세상 모든 사람이 이 구절을 마음판에 새기면서 살아간다면 자신들이 꿈꾸는 세상이 이루어질 수 있다고 말하고 싶다.

    1979년 12월 경상북도 안동에서 경기도 화성으로 오게 되었고, 우연한 기회에 남양만에 위치했던 김진홍 목사님이 개척하신 활빈교회에 다니게 되었다. 두레 공동체는 이 지역에 있는 농촌 선교를 위해 지역 농민들에게 호주에서 앵거스라는 소를 마리당 40

만 원을 받고 수입했다. 그러나 소를 싣고 오던 배가 태풍으로 인해 소의 50퍼센트 이상이 폐사가 되어 농민들에게 나누어 주려던 계획에 차질이 생기고 소를 받지 못하게 된 농민들이 활빈교회로 몰려왔다.

소를 주지 않으면 다시 돈을 돌려 달라며 아우성쳤고, 받은 돈은 이미 모든 경비로 다 써버린 상황이었다. 총책임자였던 김진홍 목사님의 멱살을 잡고 욕설을 퍼붓는 등 교회는 난장판이라고 해도 과언은 아니었다. 불가피하게 목사님은 제주도로 피신하셨다가 조금 잠잠해진 1년 후에야 다시 활빈교회로 돌아오실 수 있게 되었다. 그해 목사님을 다시 만나 목사님과 농촌 선교를 위해 일을 하기 시작했다.

지역 농촌을 위해서 다시 일을 시작하겠다는 포부를 가지고 시작하였지만, 후유증을 극복하기란 쉽지 않았다. 교회가 문을 닫아야 할 정도로 미래가 없는 날들이었지만 나와 목사님은 새롭게 시작한다는 마음으로 일을 하기 시작했다.

교회에서 4km 정도 떨어진 거리에 있는 새마을 청소년 학교를 활빈교회가 인수해서 운영하다가 학생 수가 줄면서 폐교하게 되었다. 이 학교 건물을 이용하여 느타리버섯을 재배하기 시작했다. 주일이면 채무자들이 몰려와서 예배를 드리는 것이 가능하지 않았던 그런 상황 속에서도 느타리버섯 재배가 성공을 하게 되면서 두레 공동체 식구들의 생활에 도움이 되기 시작했다. 어느 날 일이 끝나고 느타리버섯 재배장에서 일을 마치고 목사님과 걸어가면서 이 지역에서 가장 높은 봉화산을 보게 되었다.

산을 지나면서 목사님께서는 산을 가리키며 앞으로 저 산꼭대기에 한국 농업을 이끌어갈 교육관과 선교관을 세우고 세계에서 제일 멋진 두레 공동체를 만들 것이라고 했다. 마음속으로 '무슨 꿈 같은 소리를 하는 거지'라고 생각했다. 다음날이 어떻게 될지도 모르는 상황에서 무슨 수로 봉화산 꼭대기에다 그런 것을 만들겠다는 건가 생각하니 조금은 어이가 없어 아무 말도 하지 않고 그저 듣고만 있었다.

그 후, 세월이 흘러 김진홍 목사님은 선교관과 두레 공동체를 세우고 대안 학교를 세워 많은 영적 지도자를 배출하게 되었다. 7년 전에 꿈같은 소리로 들렸던 목사님의 이야기가 현실이 된 것이다. 꿈이 이루어지는 과정을 바로 옆에서 지켜볼 수 있었고, 누구든지 꿈을 가지고 도전하고 노력한다면 꿈은 이루어질 수 있다는 것을 김진홍 목사님을 통해 알게 되었다.

1983년 결혼을 하고 같은 지역이지만 활빈교회에서 20km 이상 떨어진 곳에 살게 되면서 가까운 조암신흥교회에 다니게 되었다. 그 당시 활빈교회에서 전도사로 시무하시던 이명식 전도사님이 내가 살고 있는 동네에서 개척교회를 시작하였다.

그 당시 농촌에 개척교회를 세우는 것이 쉬운 일은 아니었다. 아무것도 없이 성경 가방 하나 들고 와서 개척교회를 세우려고 마을을 찾아다니던 중 나를 만나 어느 가정집 사랑방에서 개척교회의 시작인 예배를 드리게 되었다. 마침, 송탄에 있는 신흥교회에서 도움을 줄 개척교회를 찾던 중 우리 교회를 알게 되어 당시 7백여만 원의 돈을 받아 조암 시내에 작은 건물 3층의 공간을 얻어 조암신흥교회라는 이름으로 개척을 시작하게 되었다.

어느 겨울날, 눈이 온천지를 덮을 만큼 눈이 내린 날이었다. 동생이 입원해 있는 오산 정신병원에 가야 하는 상황이었지만 차가 없어 목사님의 차를 타고 면회를 가게 되었다.

먼 거리에 있는 병원을 가는 동안 목사님이 앞으로 우리 교회가 조암에 땅을 사서 노인복지센터, 어린이집 등을 세우겠다고 말하였다. 그 당시 교인이 몇 명이 되지 않았기 때문에 송탄신흥교회에서 매달 지원을 받아서 교회를 겨우 운영하는 상황이었다. 미래에 대한 큰 그림을 그리면서 말씀하셨지만 나는 꿈같은 이야기를 하는 것만 같았다.

5년이라는 시간이 지나 100명이 넘는 교인들이 생기고, 어린이집을 세웠다. 부흥회를 통해서 한 권사님께서 조암 시내에서 제일 좋은 위치에 있는 땅 700평을 교회 건축을 위해 사용해달라고 헌납하셨다. 10년 만에 4층 건물을 세워 선교관, 노인복지센터, 아동센터, 복지재활원 등 모든 것을 다 갖추는 큰 교회로 성장하게 되었다. 그 당시 꿈이 실제로 이루어진 것이다.

"너희 자녀들은 예언할 것이요 —길 잃은 시대에 길을 제시하고 희망을 품으며, 젊은이들은 환상을 볼 것이며 —비전과 희망의 깃발을 들고 전진할 것이며, 너희 늙은이들은 꿈을 꾸리니 —꿈이 이루어지는 역사"

우리도 미래를 향한 도전 그리고 개척 정신을 가지고 삶에 임한다면 꿈이 현실이 되는 역사를 볼 수 있을 것이다.

> 여호와께서 시온의 포로를 돌려 보내실 때에 우리는 꿈꾸는 것 같았도다 그 때에 우리 입에는 웃음이 가득하고 우리 혀에는 찬양이 찼었도다 그 때에 뭇 나라 가운데에서 말하기를 여호와께서 그들을 위하여 큰 일을 행하셨다 하였도다 여호와께서 우리를 위하여 큰 일을 행하셨으니 우리는 기쁘도다 여호와여 우리의 포로를 남방 시내들 같이 돌려 보내소서 눈물을 흘리며 씨를 뿌리는 자는 기쁨으로 거두리로다 울며 씨를 뿌리러 나가는 자는 반드시 기쁨으로 그 곡식 단을 가지고 돌아오리로다 (시편 126편)

애굽에 포로로 붙들려 간 이스라엘 백성들이 노예살이 70년 만에 해방이 되어 고향으로 돌아오며 불렀을 시일 것이다. 기약이 없는 노예살이였지만 그 꿈이 70년 만에 이루어진 것이다. 나도 너무나 어려운 환경 속에서 농사를 지으면서 힘들고 고달픈 생활의 연속이었다. 그렇지만 나는 내 자신이 꿈꾸는 목표가 언제인가 이루어질 것이라 믿어 의심치 않는다.

12년 전 어느 날 농민신문사 편집국장으로 있던 홍치선 기자가 해국이라는 야생화 작물을 심어 건강식품을 만드는 계획서를 가지고 나에게 찾아왔다. 사업계획서에 나와 있는 것들이 너무 거창스러워서 왜 이 사업계획서를 나에게 가져왔는지 궁금해졌다.

홍기자는 이 해국이라는 야생화를 가지고 사업을 추진할 수 있는 사람으로 내가 가장 적임자라고 하는 것이다. 이를 계기로 해국(해변의 국화라는 뜻)이 어떤 식물인지 알아보게 되었다.

2박 3일 동안 울릉도에서 왕해국의 서식지를 돌아보았고, 왕해국이 좋은 약용성분을 많이 함유하고 있기 때문에 건강식품뿐 아니라 다양한 제품으로 상용화할 수 있는 가능성이 많다는 확실한 연구 결과를 보고 나는 꿈을 꾸기 시작했다. 일본의 라벤더 축제처럼 왕해국 축제를 열 수 있는 날을 위해 열심히 노력하고 있는 중이다.

창세기를 통해 꿈꾸는 사람 요셉이 나에게 큰 깨달음과 교훈을 주었다. 아버지 야곱의 사랑을 독차지하여 형들에게 미움을 받던 요셉은 형들의 곡식단이 자기의 곡식단에게 절하더라고 자기가

꾸었던 꿈을 말한 뒤 형들에게 더욱 미움을 받아 결국 형들에 의해 애굽에 팔려 가게 되었다.

    요셉은 애굽에서 종살이하며 수없이 많은 고통과 어려움 속에서도 꿈을 잃지 않아 결국 애굽 왕의 꿈을 해석하여 애굽의 총리대신까지 올랐다. 감옥 생활하던 노예가 총리대신이 되었으니 쉽게 출세했다고 생각할 수 있겠지만 하나님께서는 요셉을 13년 동안 혹독한 훈련을 시키신 것이다.

    오랫동안 시련을 겪은 요셉은 준비된 사람이었기에 요셉의 꿈이 그냥 꿈으로 끝나는 것이 아니라 현실이 될 수 있었다.

> 눈물을 흘리며 씨를 뿌리는 자는 기쁨으로 거두리로다 울며 씨를 뿌리러 나가는 자는 반드시 기쁨으로 그 곡식 단을 가지고 돌아오리로다 (시편 126편 5-6절)

    꿈은 하루아침에 이루어지는 것이 아니라 갖은 고난과 어려운 환경 속에서도 노력하고 미래에 대한 비전과 희망을 향해 나아갈 때 그 꿈이 이루어질 수 있는 역사를 보게 될 것이다.

소박한 삶을 위한 기도

　지난 78년 동안 일할 수 있도록 건강 주신 하나님께 감사한다. 아내를 만나 벌써 45년의 세월이 흘렀다. 그 어렵고 힘들었던 수많은 고난 속에서도 항상 나와 동행해 주었고, 두 자녀를 낳아 훌륭하게 키워 출가시켜 준 아내에게 감사한다.
　나의 주위에서 늘 희망과 용기를 준 모든 것에 대해 감사해야 할 것이 너무나도 많았는데 정작 나 자신은 그것을 모르고 살아가지 않았나 생각을 해 본다.
　볼 수도 없고, 듣지도 못하며, 말 못하는 3가지 고통으로 평생을 산 헬렌 켈러의 책 '내가 3일간 눈을 뜰 수 있다면'을 읽으면, 너무나도 소박한 것들이 그녀의 소원이었다. 나는 일상의 소박한 것들에 대해 감사할 줄 모르고 그저 불평불만 속에서 좌절할 때가

많았다.

　밀레의 만종을 보면, 해가 지평선 저쪽으로 사라져가며 붉게 수놓는 낙조 아래 끝없이 펼쳐진 들녘 저쪽에서 조그마한 예배당이 서 있고 저녁을 알리는 교회 종소리가 은은하게 들녘에 울려 퍼지면 종일토록 추수하던 젊은 부부가 일손을 멈추고 일어서서 고개를 숙이며, 오늘 하루도 건강한 몸으로 일할 수 있도록 도와주신 하나님의 은혜에 감사드리고 있지 않은가.

　지금까지 이 세상을 살아오면서 무엇에 감사해야 하는지 생각해 보면 감사할 것이 너무 많아서 셀 수가 없다. 생명을 주시고 나를 이 세상에 태어나게 해 주신 것에 감사하고, 한국인으로 태어난 것에 감사하고, 지금까지 일할 수 있도록 건강 주신 것에 감사하고, 천지자연의 은혜에 감사하고, 햇빛과 공기와 물과 양식을 주신 것에 감사한다.

> 내가 젊고 자유로워 상상력이 한계가 없었을 때
> 나는 세상을 변화시키겠다는 꿈을 꾸었다.
>
> 그러나 좀 더 나이가 들고 지혜가 있었을 때
> 나는 세상이 변하지 않으리라는 것을 알았다.
> 그래서 시야를 약간 좁혀
> 내가 살고 있는 나라를 변화시켜야겠다고 결심했다.

그러나 그것도 불가능한 일이었다
황혼의 나이가 되었을 때
나는 마지막으로
나의 가장 가까운 내 가족을 변화시키겠다고 결심했다.
그러나 아무것도 달라지지 않았다.

이제 죽음을 맞이하여 자리에 누운 나는 문득 깨달았다.
만약 내가 나 자신을 변화시켰더라면
그것을 보고 가족이 변했을 것을
또 그것에 용기를 얻어내
나라를 더 좋게 바꿀 수 있었을 것을
그리고 누가 아는가 세상까지 변했을지

〈웨스트민스터 대성당 영국 성공회 주교의 묘비에서〉

글을 마치며

행복한 노년의 삶

2024년 다시 새해가 밝았다. 또다시 나이가 한 살 더 먹는다. 새해 아침 세수를 하고 난 후 거울에 비치는 내 얼굴을 보았다. 지난 세월 속에 파란만장했던 흔적이 내 얼굴에 고스란히 나타나고 있었다.

젊은 날의 모습은 온데간데없이 사라지고 주름진 얼굴에 일그러져 가는 내 얼굴을 보면서 인생의 무상함을 느낀다. 왜 그렇게 어리석게 살아왔는지 다시는 돌아올 수 없는 내 삶이 후회스럽고 원망스럽다. 이제는 살아온 날보다 앞으로 살아갈 날이 얼마 남지 않은 것 같다.

주위를 둘러보면 어릴 적부터 같이 살아왔던 친구들이 하나둘씩 저 세상으로 떠나갔다. 지금 같이 살고 있는 이웃들도, 잘 알고 지내던 분들이 어느 날부터 보이지 않으면 저세상으로 떠나갔다고 한다. 인생이 너무 허무하다.

늙는다는 것은 불행한 일이며 삶에 의미가 없어진다는 것이다. 지금 우리나라는 너무나도 빠르게 고령화 사회로 되어간다. 빠르게 변화되어 가는 고령화 사회 속에서, 나는 앞으로 노년의 삶을 어떻게 살아가야 아름답고 행복하게 살아갈 수 있는지 설계해 보려고 한다.

성경 말씀에 너희 늙은이들은 꿈을 꾸면서 살아가라는 말씀이 신약, 구약에 기록되어 있다. 수천 년 전부터 노년의 삶을 헛되이 보내지 말고 비전을 보고 새로운 꿈을 꾸며 행복한 삶을 살아가라는 뜻일 것이다.

노인이 되었다고, 나이가 많이 먹었다고 인생을 놀면서 헛되이 보내지 말고 새로운 꿈을 설계하면서 살라는 말씀이다. 그렇다. 노년의 삶을 포기하지 말고, 나이는 늙어가지만 꿈은 보다 더 젊은 꿈을 꾸면서 살아가야 한다.

젊었다고 해도 공부하지 않고 노력하지 않으면 녹슨 기계처럼 노쇠해지기 때문이다. 비록 70대, 80대라고 할지라도 열심히 공부하고 노력하고 성장을 멈추지 않고 살아간다면 행복한 삶이 찾아올 것이다.

아무 일도 하지 않고 노년기를 보내는 사람은 불행해지고 노인이 되었다고 놀면서 세월을 보내도 된다는 생각은 무책임한 인생을 살게 된다. 노후에 일이 없이 지낸다는 것은 참으로 불행한 일이다. '우리의 인생'이라는 시가 있다.

우리의 인생

이 땅의 산야와 들녘, 이 대지 위에 봄이 오면
온갖 만물들이 노오랗게 새싹을 내고 잎이 돋아나서
여름이면 장성하게 자라서 모두가 푸른 녹색으로 변해가고
가을이면 잎새마다 빨강 노랑 주홍빛을 발하다가
겨울이면 하나 둘 떨어져서 자연으로 돌아간다.
우리의 인생살이도 유년기, 청년기, 중년기, 노년기를
거치면서 자연으로 돌아가는 것이 자연 속에 살아가는
모든 만물의 이치인 것을

나는 이 시를 읽으면서 많은 생각을 하게 된다. 베이비부머 세대들의 노년기의 삶을, 온갖 만물들이 빛을 발하는 가을에 비유하고 싶다. 베이비부머 세대들이 이 사회에서는 은퇴하지만, 제2의 인생인 노년의 삶은 마지막 빛을 발하면서 인생의 마지막 순간까지 아름다운 삶, 행복한 인생을 살아가야 한다.

일어나라 빛을 발하라 이는 네 빛이 이르렀고 여호와의 영광이 네 위에 임하였음이니라(이사야 60장 1절)

나는 이 성경 구절을 제일 좋아한다. 힘이 들고 어려움이 닥칠 때마다 일어나 빛을 발하라는 이 말씀에 용기와 힘을 얻는다. 이 말씀을 바꾸어서 말하면 베이비부머 세대들이여 노인이 되었다고 기죽지 말고 다시 일어나 제2의 인생을, 빛을 발하면서 살아가라는 뜻으로 생각한다.

이 땅에 자라는 모든 식물이 가을이 되면 마지막으로 빛을 발하다가 자연으로 돌아가듯이 우리의 인생살이도 노년에 빛을 발하다가 흙으로 돌아가는 인생이 되어야 할 것이다.

인생은 이 세상에 태어나서 마지막으로 무엇이든지 일을 해야 하고 가치 있는 존재로 흔적을 남기고 가야 한다. 인간으로 태어나서 아무런 업적도 유산도 남기지 못한다는 것은 부끄러운 일이다. 가깝게는 내 가족을 위해, 지역사회를 위해, 나아가서 내 나라를 위해 무엇이든지 하나라도 기여하고 가야 한다. 자기만을 위하여 살 것이 아니라 가족을 위해, 이웃을 위해 사랑과 봉사의 삶을 살아야 한다.

65세 이상의 인구가 전체 인구의 20% 이상이면 초고령사회라고 한다. 우리나라는 올해 노인 인구가 1,000만 명을 넘어서며 초고령사회에 진입했다. 멀지 않아 인구의 1/3이 노년의 삶을 살아가야 한다. 도시에서 살든지 지방에서, 시골에서 살든지 노년의 삶을 헛되이 보내지 말고 자연을 사랑하고 가꾸면서 흙 속에서 땀 흘리는 삶이 가장 행복한 삶이 될 것이다.

지금 우리나라 정부는 빠르게 변화되어 가는 심각한 고령화 문제를 가지고 고민하고 있다. 노령인들을 위해 복지, 의료, 일자리 등, 수많은 난제를 가지고 있다.

어느 날 서울 창경원과 파고다 공원 쪽에 갈 일이 있어서 지나가는데 거리 구석진 곳마다 추운 날씨에도 노인들이 모여 있는 것을 보았다. 왜 그렇게 모여 있는지 모르지만, 수백 명이 되는 것 같았다. 나 자신도 지금 나이가 80이 다 되어가지만, 노인들을 보고 있자니 서글픈 마음이 들었다.

전철을 타고 가다 보면 노인들이 많다. 집에 있으니 외롭고 쓸쓸한 노인들이 사람들이 많이 타고 내리는 전철 속에서 하루의 시간을 보낸다고 한다.

내가 사는 이 지역에도 시에서 운영하는 복지기관이 있다. 이 지역 노인들이 아침이면 시에서 운행하는 버스를 타고 와서 하루 종일 복지기관에서 소일하다 돌아간다. 65세가 되면 나라에서 매월 돈도 주고 연금도 받는다. 자식들이 용돈도 준다. 우리나라는 노인들에게는 좋은 세상이다. 그렇지만 정신적으로 우리나라 노인들은 불행하게 살아가고 있다.

베이비부머 세대들은 우리나라 경제가 어려웠던 60년에서 70년도에 이 땅에 태어나서 우리나라 산업 발전에 기여하여 오늘날 세계에서 몇 번째로 가는 잘사는 나라로 만들었다. 수없이 많았던 어려움 속에서 땀 흘리면서 열심히 살아왔다. 위로는 부모를 공경하고 아래로 자식들을 공부시키면서 살아왔지만 나이가 들어 은퇴하게 되었다. 나는 은퇴하는 베이비부머 세대들에게 다시 자신들이 태어나고 자랐던 고향으로 돌아가서 제2의 인생을 꿈꾸면서 아름답고 행복한 비전의 삶을 설계해 보라고 말하고 싶다.

지금 우리나라 고향 마을은 나이 많은 부모 세대인 고령 노인들만이 고향을 지키면서 살아가다가 한 명씩 두 명씩 돌아가시고 아무도 살지 않는 빈집들만이 을씨년스럽게 남아 있다. 마을마다 얼마 남지 않은 노인들만이 고향을 지키면서 살아가고 있다. 그 옛날 아늑하고 인정이 있고 정다웠던 그 옛날 모습은 사라진지 오래이다.

이제 베이비부머 세대들이 산과 들, 냇가와 강이 어우러져 있는 고향으로 돌아가서 아름다운 농촌 마을을 만들어 보자. 지금 사람들은 농촌을, 땀 흘려 일하고 먹고살기 위해 농사나 짓고 살아가는 곳으로 생각하고 있다.

그러나 이 시대에는 우리들의 생각과 인식이 바꾸어져야 한다. 우리나라 농촌은 농사나 짓고 먹고사는 곳이 아니라 자녀들에게 쉼을 줄 수 있는 농촌 마을로 바꾸어져야 한다. 아름다운 농촌 마을, 평화로운 농촌 마을, 쉼을 가질 수 있고 비전이 있는 농촌다운 농촌 마을로 만들어가야 한다.

앞서 말하였지만, 우리나라 농촌 마을은 어디를 가든지 아름답다. 산굽이마다 돌아가면 오밀조밀한 농촌 마을이 있고 산야가 있고 실개천이 흐르고 강이 있다. 이러한 고향마을로 돌아가서 꽃나무, 과일나무, 아름다운 조경수를 심고 실개천 흐르는 곳에 낚시터와 생태 체험장도 만들고 산에는 장뇌삼, 도라지, 더덕, 잔대 등 온갖 약초들을 심고 산짐승들이나 산새들의 보금자리도 만들어 주고 곤충체험장도 만들고 산양과 염소, 사슴 등도 키우고 벌꿀을 키우면서 밀원도 만들고 온갖 땅속의 미생물들이 자라는 체험장도 만들면 쉴 곳을 찾는 도시 사람들이 올 것이라 확신한다.

시골에 남아 있는 노인들과 함께 아름다운 마을, 행복한 마을, 도시인과 자녀들이 찾아오고 싶어 하는 마을을 만들고, 베이비부머 세대들이 지도자의 삶을 살아가면서 봉사와 희생과 헌신의 삶을 살아간다면 자신이 행복해지고 이웃도 행복해진다. 나아가 좋은 프로그램을 만들어서 우리나라 모든 고향 마을이 행복한 천국이 되도록 만들어 보자.

2024년이 되면서 신문이나 TV를 보면 저출산 문제와 노인 문제에 관심을 집중하고 있는 듯하다. 특히 고령화 사회로 변해가는 노인들을 위한 사회 보장제도가 강화되어야 하고 노인들을 위한 프로그램이 개발되어야 한다. 그러나 지금 우리나라는 노인들의 삶에 대한 프로그램이 부족하다.

지역마다 요양원이 많이 세워져 있다. 요양원에서 하는 일은 병든 사람을 돌보아 주고 죽음을 맞이할 때까지 보살펴 주고 있다. 실버타운이라는 곳이 있지만 유복한 노인들에게만 취미 거리를 제공하는 정도에 불과하다. 지금 수없이 많은 노령 인구가 급증하는 이 시대에 그들에게 좀 더 생산적인 활동 기회를 부여하는 곳은 찾아볼 수가 없다.

나는 이러한 고령화 시대에 베이비부머 세대들에게 제2의 인생을 살아가는데 비전을 주고 소망을 주고 희망을 주고 행복을 주는 삶의 프로그램을 개발하는 연구를 생각하고 있다. 은퇴하는 베이비부머 세대들에게 생산적인 사회 활동이 진정 필요한 시대이기 때문이다.

건강을 지켜주는
미래의 약용식물 왕해국

「왕해국의 특징과 재배방법」

밀알농장 유맹하

    1998년 경희대 약학대에서 연구 중이던 자료에서 왕해국이 체중 및 체지방 감소에 효능이 있다는 연구 결과가 학회에서 밝혀져 관심을 가지게 되었다. 민간 검사기관에서 성분 검사한 자료에는 왕해국의 어린잎을 식용할 수 있으며 전초에는 혈줄, 치질 혈전증, 고지혈증, 당뇨병 등을 예방 및 치료제까지 개발할 수 있다고 나왔다. 특히, 울릉도에서 자생하는 왕해국 추출물에는 피부 외용제, 주름 개선, 피부 장벽 강화, 콜라겐 합성, 탄력 개선 등에 탁월하여 먹는 제품부터 화장품까지 다양하게 개발할 수 있다고 한다.

    왕해국을 알게 된 계기는 농어민 신문사에 편집국장으로 있던 기자분이 왕해국에 대한 학회에 참석하였다가 그 자료를 가지고 농장으로 찾아와서 이야기를 나누면서 알게 되었다. 앞으로 왕해국이 기능성이 많은 작물이니 함께 재배해 보자는 그분의 제안을 받게 되었다.

2000년 울릉도에 가서 씨앗을 채취하여 지금까지 농장에서 재배를 시작하면서 재배뿐 아니라 식용으로 이용할 수 있는지에 대한 다양한 시도를 하던 중 '뉴트리'라는 건강식품 판매 회사에서 비만을 억제하는 임상실험 연구용으로 왕해국을 사용하면서 10여 년이라는 긴 시간 동안 왕해국 건초 1톤씩을 매년 납품하였다. 긴 시간의 연구를 통해 2021년 8월에 식약처에서 제조 허가가 나왔고, 여러 식품회사에서 많은 관심을 가지고 문의해 오고 있다.

앞으로 이 자료를 통해 우리나라 울릉도에서만 자생하는 고유종인 왕해국을 육지에서도 대량 재배할 수 있도록 10년 이상 연구 및 재배 시도를 통해 터득한 나만의 방법을 공유하고자 한다.

우리나라의 고유 약용식물인 왕해국을 재배하여 농민들이 소득을 올릴 수 있는 작물로, 기업은 좋은 제품을 만들어 국민들의 건강에 기여할 뿐 아니라 수출도 할 수 있는 날이 오길 기대한다.

2024년 9월 유맹하

chapter

1

왕해국이란?

　왕해국은 울릉도에서만 자생하는 우리나라 고유종이며, 육지 남해안에서 자라는 일반 해국보다 잎이 더 크고 꽃송이가 크다.

　높이는 30~60cm 지만 전체적으로 일반 해국보다 크다. 줄기는 비스듬히 자라고 밑부분은 여러 갈래로 갈라진다. 일반 해국보다 크고 넓으면서 왕성하게 자란다. 잎 위쪽에는 커다란 톱니가 불규칙하게 나 있고 가장자리는 밋밋하거나 주걱꼴 톱니가 조금 나 있다. 꽃은 9월에서 11월에 보랏빛으로 피고, 일반 해국보다 왕해국은 꽃 색깔이 훨씬 짙다.

　울릉도에서 바위틈이나 절벽이나 모래땅에서 자생하며 어린잎은 나물로 사용하고, 한방에서는 비만증, 이뇨제, 기침/감기, 해수, 방광염 등을 치료하는데 사용하였다. 해국은 국화과이며 개미취 속에 속하는 여러해살이풀이다. 왕해국(해국의 변이종)으로 분재나 관상용 화분을 만들수 있는 장점이 있다.

일반 해국과 왕해국 비교

일반 해국 : 제주도나 남부지방 해안가에서 자생하는 일반 해국은 왕해국보다 잎이 작으며 꽃송이도 작다

왕해국 : 울릉도에서 자생하는 왕해국은 일반 해국보다 잎이 더 크며 꽃송이도 더 크다.

chapter

2

왕해국의 특성

▶ 꽃

꽃 모양은 크기가 4-5cm이고, 보라색이며, 통 모양과 혀 모양으로 되어 있다.

▶ 입

잎의 크기는 평균 20cm이고, 옆선은 약 15cm, 폭은 약 14cm, 잎자루는 약 6cm 정도 된다.

▶ 줄기

나무이기도 하고 풀이기도한 반 목본성 식물이다. 줄기가 겨울에 죽지 않고 그대로 살아서 몇 해씩 견디며 굵어져서 목질화가 되어 마치 나무처럼 보이기도 한다.

▶ 뿌리

뿌리는 직근이며, 옆으로 이어져서 메마른 땅에서 견딜 수 있는 힘이 강하다. 가뭄이 들어도 잘 죽지 않고 살아있다. 뿌리가 깊고 길게 멀리 뻗어서 가뭄에 강한 식물이지만 장마로 인해 침수되면 뿌리가 견디지 못하고 다 고사한다.

▶ 품종과 변종

해국의 학명은 '쌍떡잎 초롱꽃목 국화과'이며 개미취 속에 속해 전 세계 400여 종이 분포되어 있다고 한다. 우리나라에는 14종이 분포되어 있고 변이종으로는 해국 닮은 흰 해국이 있으며 일반 해국에 비해 전체가 모두 대형인 울릉도에서 변이종이 된 왕해국이 있다.

▶ 열매와 종자

꽃은 9월부터 피기 시작하여 11월 서리가 내릴 때까지 꽃을 피운다. 서리가 내려 꽃이 지면, 11월 중순쯤 씨앗을 채취할 수 있다. 씨앗은 민들레 씨앗처럼 깃털이 있어서 12월에 바닷바람이 불면 바람에 날려 사방으로 퍼져 나간다. 씨앗은 울릉도에서 일본까지 날아가서 꽃을 피운다.

chapter

3

왕해국의 재배 환경

사진과 같이 경사진 밭에 심는 것이 좋다.

    왕해국을 식품이나 약재로 쓰기 위해서는 대량 재배하는 기술이 필요하다.

    왕해국은 해안가 절벽이나 해안가 모래땅에서 자라는 자생화이지만 유사한 환경속에서 재배를 해도 잘 자란다.

▶입지와 토양

해국을 대량 재배하기 위해서는 토양이 제일 중요하다. 입지는 경사진 밭이 좋고 토양은 사질 양토가 제일 좋다. 제일 중요한 것은 물 **빠짐**이 잘되어야 한다. 물 **빠짐**이 잘 안되는 평지나 밭에서 오랜 장마로 2-3일 정도 침수가 되면 해국은 고사한다.

▶재배 환경

해국은 바닷가(해안가)에서 늘 바람이 불어 통풍이 잘되는 환경에서 자생한다. 따라서, 통풍이 잘될 수 있는 환경을 만들기 위해 제초를 해주어야 한다. 너무 밀식되어 있으면 생산성이 오히려 감소하므로 해국을 심는 거리는 40~50cm 정도의 충분한 거리를 두어 충분히 자랄 수 있도록 해주어야 한다.

chapter 4

왕해국의 양묘 기술

▶종자 생산원

왕해국 종자 생산을 목적으로 할 때는 잎을 따지 말고 충분한 시비와 관리를 잘 하여야 한다. 종자를 채종하는 채종장은 햇빛이 잘 들고 통풍이 잘되는 곳에서 해야 우량종자를 얻을 수 있다.

▶종자 채취

종자는 11월 중순부터 12월 말에 서리를 맞고 꽃이 진 다음 꽃잎이 떨어지고 말랐을 때 채취한다. 흐린 날을 피하고 아주 맑은 날 꽃 송이를 채취해야 양질의 씨앗을 받을 수 있다.

▶탈출 빛 정선

해국 씨앗은 깃털이 붙어 있고 끈적끈적한 성분이 있어 씨앗을 채취하면 서로 엉켜 붙어 햇빛에 건조해 정선하여야 한다.

▶ **종자 저장**

종자 저장은 반드시 냉동보관 하며, 몇 년 정도 종자를 보관하여 사용할 수 있다.

chapter 5

모종 생산

▶시설의 준비

왕해국 육묘 생산은 모든 것을 다 갖춘 시설 하우스에서 하여야 대량 생산이 가능하다. 온도 관리를 위해 온풍기, 물을 줄 수 있는 시설 또한 갖추어 있어야 한다.

- 온상 설치 : 온풍기가 없는 경우에는 전열선으로 대체 할 수 있다.
- 포트 육묘자재 : 트레이 연결판, 72구 또는 105구 트레이가 가장 적합하다.
- 운반 및 식재 : 가식한 후 30일이 지나면 본포에 옮겨 심을 수 있다.

▶묘상 장소와 선정

가온할 수 있는 시설 비닐하우스에 묘상판을 설치한다. 묘상판이

나 삽목판 모자리 판에다가 상토를 넣고 고른 후 씨앗을 뿌리면 된다. 파종 방법은 모래에 골고루 섞어서 여러 번 뒤집기 한 해국 씨앗을 묘상판에 골고루 뿌리고 씨앗이 보이지 않게 살짝 덮어준다.

씨앗을 파종한지 1주일 정도가 되면 발아가 시작된다. 발아가 시작된 시점에서 20일 정도가 되면 속 잎이 나오고 잎이 5~6장 되었을 때, 트레이 판에 가식을 한다. 가식이 끝난 후 물이 마르지 않게 하루에 2번 정도 물을 주면서 관리한다.

[트레이에 가식한 왕해국]

[가식후 비닐 하우스에서 자라고 있는 왕해국]

chapter
6

왕해국 재배법

가식을 한지 50일이 되면 본포에 4월 중순부터 왕해국의 정식이 가능하므로 그전에 본격적인 재배 준비를 진행한다.

▶토양 만들기

왕해국을 정식하기 전 왕해국을 심을 수 있는 본포에 완전히 부숙된 퇴비 100평당 약 1톤과 복합비료 20kg 1포 정도를 뿌리고 트랙터를 이용하여 밭을 갈아엎는 작업을 해야 한다.

▶유기물과 비료

왕해국은 절벽이나 바위틈, 모래땅에서 자라나는 생명력이 강한 식물이지만 대량 생산하기 위해서는 유기물과 비료를 충분히 뿌려주어야 한다.

▶ **멀칭 재배**

잡초를 제거하고 가뭄과 장마에 대비하여 두둑을 40cm 정도로 아주 높게 만들어 흑색 또는 녹색 비닐을 덮어주어야 한다.

[파종후 발아가 시작된 왕해국]

▶**거리와 간격**

넓이 1m 두둑을 만들어 2줄로 심어 가야 하며, 가로 60cm/세로 20cm 간격으로 심어야 다수확 할 수 있다.

▶ **병충해 방제**

8월이 되면 붉은 나비가 날아다니기 시작한다. 붉은 나비가 깐 알에서 나온 애벌레들이 순식간에 해국잎을 갉아먹어 줄기만 남는다. 8월이 시작하면 어김없이 해국잎을 먹는 벌레들이 서식하니 이때는 잔류농약이 적은 에이팜이나 유기농 살충제를 3회 정도 뿌려 주어야 한다.

[벌레가 해국잎을 먹은 모습]

▶ **수확**

해국은 정식한지 50일이 지나면 수확을 시작할 수 있다. 4월에 심으면 대략 6월 10일경부터 잎을 수확할 수 있으며, 6월부터 1차 수확이 시작되면서 40일 단위로 수확할 수 있다. 6월부터 11월 중순까지 대략 5회 정도 수확 가능하다.

잎을 하나하나 따면 시간이 오래 걸리고 인건비가 많이 들기 때문에 3마디 정도에서 잘라서 수확을 시작한다.

본인이 재배하여 수확한 결과를 보면 평당 생잎 약 15kg을 수확할 수 있으며, 15kg를 건조 시 약 2kg 정도 생산이 된다. 평당으로 계산하여 연중 4~5회까지 수확할 수 있으며, 건조된 잎은 5~10kg까지 수확할 수 있는 계산이 나온다.

[왕해국 수확]

▶ **건조와 저장**

수확한 해국은 건조장에서 50~60℃에 건조해 주고, 30시간 정도 지나면 건조가 거의 다 된다. 건조가 다 된 해국은 습기가 차지 않도록 비닐봉지에 담아서 밀봉하면 오래 보관할 수 있다.

▶ 왕해국의 시설 하우스 재배

왕해국을 노지재배를 했을 때, 수확기에 가뭄이 들면 왕해국이 성장하지 못하여 수확할 수가 없게 된다. 정상적으로 성장하면 한 달에 1번 정도 잎 수확이 가능한데 가뭄이 계속되면 해국을 전혀 수확할 수가 없다. 그리고 장마가 오래 계속되면 습기가 많고, 물에 10여 일 정도 잠겨 있으면 왕해국은 고사하고 만다. 여러가지 기상조건이 왕해국의 수확을 좌우한다.

어떻게 하면 정상적인 재배를 하여 수확할 수 있을까 생각하다가 시설 하우스에서 시험 재배를 해보았다. 가뭄이나 장마에 전혀 지장을 받지 않고 정상적으로 한 달에 한 번씩 수확할 수 있었다. 그리고 2월에 정식하여 4월부터 수확할 수 있으며 11월 말까지 노지재배보다 3회 정도 더 수확할 수 있었다. 앞으로 왕해국 재배가 활성화되면 가뭄이나 장마에 전혀 지장을 받지 않고 대량 생산이 가능한 장점을 가지고 있어서 시설재배로 가야 할 것이다.

chapter

7

왕해국 판매 / 수입

    본인은 2010년부터 2020년까지 10년 동안 왕해국을 재배하여 건잎을 수확 건조시켜 연중 500kg~1,000kg까지 (주)뉴트리 식품 회사에 임상실험용으로 납품해 왔다. 그 결과 식약처로부터 왕해국의 효용성이 인정되어 허가가 나왔으며(2021년), 이후 여러 건강 식품회사에서 해국에 대한 문의를 받고 있다. 앞으로 여러 건강식품 회사나 제약회사에서 제품을 만들 계획을 세울 것이다.

    그러나 (건강) 제품을 만들려면 제일 중요한 것은 왕해국을 대량 재배 하여 원물을 확보할 수 있냐는 것이고 아직까지 울릉도에서만 자생하는 왕해국을 수요에 맞게 대량 재배 및 공급을 할 수 있는 것은 준비가 안 되어 있다고 판단된다.

    본인은 10년 동안 왕해국을 재배해 오면서 평당 수확량을 측정해 보았고, 단가가 얼마가 되면 대부분의 농민이 안정되게 재배할 수 있는지 분석해 보았다.

    (주)뉴트리에 임상실험용으로 납품시 1kg당 1만 원을 받았으

니, 왕해국 건조된 잎 1kg = 1만 원으로 산정하여 연중 건잎 5kg 생산이 될 경우, 5kg = 5만 원이며, 5만 원이 평당 수입이 된다.

이것을 1,000평으로 재배 확대하면 1,000평에서 생산 건조된 잎 5,000kg * 1만 원 = 5천만 원의 수입이 발생한다. 여기에 1,000평당 인건비와 투자비를 계산하면 다음과 같다.

[1,000평당 투자비 계산]

항목	항목	항목	항목
임대료	1,000평	1,000원/평당	1,000,000
퇴비	10톤	100,000원/톤당	1,000,000
비료	10포	10,000원/1포	100,000
경운기 로타리	1회	200,000원/회당	200,000
멀칭 비닐	1회	200,000원/회당	200,000
정식 인건비	8명	100,000원/인당	800,000
밭메기	4명*4회	100,000원/인당	1,600,000
수확	5명*5회	100,000원/인당	2,500,000
병충해 방지	3회	100,000원/회당	300,000
건조 전기료			600,000
합계			**8,300,000**

* 상기 금액은 지역 및 구입처에 따라 다를 수 있음

본 1,000평당 수입이 5천만 원에서 인건비 투자비 830만 원을 빼면 순수입이 4,170만 원 정도 된다는 계산이 나온다. 그런데 왕해국은 한번 심고 관리를 잘 해주면 10년 넘게 계속 수확할 수 있는 작물이어서 그 이듬해부터 투자비가 3분의 1 정도로 줄어든다.

앞으로의 문제점은 대량 재배가 될 경우 수확할 수 있는 장비와 시설이 필요하다는 점이다. 하나의 예로 건조 시설이 자동화가 된 대형 건조장이 시설로 갖추어져야 할 것이다.

chapter

8

왕해국의 다양한 활용

▶ 왕해국 정원 만들기

건물 주위 돌 틈 사이나 담장 및 화단에 심어 놓으면 멋있는 볼거리가 된다. 큰 화분에 심어서 옥상이나 베란다에 심어 놓아도 아주 보기가 좋다.

1년이 지난 해국은 줄기가 목질화가 되고 여러 갈래로 갈라져서 화분에 올려놓고 분재를 만들면 아주 좋은 분재용이 된다.

해국은 씨앗으로 심었을 때는 당년에 꽃이 피지 않지만, 그 이듬해부터 피기 시작한다. 2년생 해국으로 삽목하면 바로 그 해에 꽃을 피울 수 있다.

▶ **경관농업**

바닷가 넓은 공유지나 비탈지고 경사진 곳에 해국을 심으면 수해 예방도 할 수 있고, 좋은 볼거리를 제공하는 경관 농업이 될 수 있다.

울릉도 분지에 자생하고 있는 왕해국의 모습

▶ 건강 치유농업

왕해국은 여러 가지 질병을 치료하는 성분이 연구 결과 밝혀졌다. 성분을 조사한 자료를 찾아보면 체지방을 감소시켜 주는 효능 및 그 외에도 다양한 효과가 있다.

주식회사 바이오테크 디엔씨, 한국화장품에서 연구한 자료에 의하면 피부 외용제로써 피부장벽 강화, 주름 및 탄력 개선 효능이 탁월하다고 밝히고 있다.

넓은 공유지나 쓸모없는 땅을 이용해서 왕해국 단지를 만들면 좋을 것이다. 왕해국은 건강식품뿐만 아니라 화장품 등의 다양한 제품으로 활용할 수 있기 때문에 더할 나위 없이 좋은 식물이다.

*세부 내용은 특허청 홈페이지에서 관련 특허 내용을 조회해보면 자세히 알 수 있다.

▶왕해국으로 제품 만들기

수확한 왕해국을 이용해 녹즙을 만들거나 건조한 분말을 이용하여 차, 쿠키 등 다양하게 활용하여 제품을 만들 수 있다.

▶ 관광 농업

20여 년 전 일본 여행 중 후라노 라벤더 축제에 가 볼 기회가 있었다. 인구 2만인 작은 도시지만 6~8월 라벤더꽃이 필 무렵 연간 5백만 명이 라벤더 축제를 보기 위해 이 도시를 찾아온다.

이 지역 사람들은 넓은 땅에 라벤더를 수십만 평 심어 많은 소득을 올린다. 7~8월에 라벤다꽃이 활짝 피면 끝없이 펼쳐진 보라색 라벤더 화원에 짙은 향기가 가득하고 이곳은 인산인해를 이룬다. 축제가 계속되는 동안 관광객들은 다양한 관련 상품을 구매한다. 특히 축제 막바지 늦가을에 수확하여 만든 라벤더 향수, 비누, 입욕제, 베개, 스프, 크림, 사탕, 화장품 등으로 많은 매출을 올리고 있다. 한마디로 한 지역을 관광 테마로 묶어 일본 유수의 농촌 관광지가 된 것이다.

우리나라도 함평의 나비축제, 인제의 빙어축제, 봉평의 메밀꽃 축제 등 주민과 지자체 등이 합심해서 축제를 만들고 있다. 사람이 떠나가는 농촌지역에 활기를 불어넣고 지역 경제 활성화에 큰

후라노 라벤더 축제

도움이 된다. 라벤더 축제를 보고 와서 라벤더 씨앗을 구매해서 시도해 보았지만, 기후나 토양이 문제인지 성공하지 못하였다.

그 후, 라벤더 축제처럼 할 수 있는 식물이 없을까 찾던 중 우리나라 울릉도에서만 자생하는 왕해국을 10년 동안 재배해 본 결과, 해안가를 중심으로 한 지자체들이 우리나라 어느 곳이든지 잘 자랄 수 있는 왕해국을 이용하여 일본의 라벤더 축제를 벤치마킹하면 될 것으로 생각했다.

요즘은 과거와 달리 다양한 매체들이 발달한 덕분에 감성적이고 좋은 테마를 가진다면 사람들이 주저하지 않고 찾아온다. 또한 소셜미디어를 통해 손쉽게 젊은 세대들에게도 홍보가 가능하니 어렵지 않게 지역축제를 알릴 수 있다.

우리나라에 쓸모없이 버려진 땅이나 방치되어 있는 땅들을 이용하여 일본의 라벤더 축제 같은, 지역사회 경제를 활성화시킬 수 있는 축제를 해보면 어떨까?

chapter

9

왕해국 영양분석 내용 및 참고 문헌 정보

왕해국을 가지고 약용성분을 분석해서 대한민국 특허청으로부터 특허 등록을 한 회사나 연구기관의 공보지를 보면 영양 및 약용 성분이 자세히 분석되어 있다.

이 자료에 해당 내용을 자세하게 소개하고 싶으나 관련 자료가 상당히 전문적인 내용으로 인용하기보다는 자료를 찾아볼수 있는 방법을 소개하는 것으로 대신한다.

[왕해국 관련 특허 정보]

구분	등록번호	제목	등록자
등록특허공보	10-0651859	비만 예방 및 효과를 보이는 해국 추출물	김규석
등록특허공보	10-0919323	혈중 지질 개선과 항비만 효과를 갖는 추출물의 제조 방법 및 이를 함유하는 조성물	경희대 약학대 정세영 교수

구분	등록번호	제목	등록자
등록특허공보	10-2048430	해국 추출물을 포함하는 근육 질환 예방, 개선 또는 치료용, 또는 근 기능 개선용 조성물	㈜뉴트리
공개특허공보	10-2009-0123266	해국 또는 왕해국 추출물을 초함하는 화장료 조성물 및 상기 추출물의 제조방법	한국화장품 주식회사
공개특허공보	10-2015-0115973	해국 추출물을 유효성분으로 포함하는 당뇨 및 당뇨합병증 예방 또는 개선용 조성물	㈜뉴트리
공개특허공보	110-2015-013006	울릉도 자생식물인 해국 식물 세포 배양 추출물을 참유한 수렴효과 및 항노화 효과를 지닌 피부 외용제 조성물 및 그 제조방법	㈜뉴트리

- 특허 정보넷 키프리스(http://www.kipris.or.kr/)에서 검색하면 해당 정보를 자세히 확인할 수 있다.

울릉도 천부도로를 돌아가면서 본 외롭게 서있는 촛대바위

해안 도로변에 피어 있는 왕해국

울릉도 섬목 풍경

천부도로 천년동굴

분지에서

천부도로변 바위틈 왕해국

도로변 옹벽에 피어난 왕해국 1

도로변 옹벽에 피어난 왕해국 2

바위속에 피어난 왕해국 1

바위속에 피어난 왕해국 2

바위속에 피어난 왕해국 3

왕해국 변종 흰색 왕해국

왕해국 꽃이 필 무렵

왕해국 재배에 관하여

    2020년 10월, 왕해국꽃이 만발하기 시작했다. 경기도 화성시 우정읍에 우뚝 솟아있는 쌍봉산 자락에 있는 2,000평의 왕해국 밭에는 7월 초부터 꽃이 피기 시작하여 10월이 되면 보랏빛 왕해국 꽃이 온 밭에 피어서 절경을 이룬다. 이 지역에 살고 있는 주민들은 꽃을 구경하면서 핸드폰에 사진도 담으며 즐거워한다.

    15년 전 2010년 봄 어느 날 농어민 신문사 편집국장으로 일하던 홍기자님이 우리 농원에 찾아와서 왕해국을 소개하며 가능성이 많은 식물이니 재배하여 보라고 권유하였다. 왕해국에 대한 자료를 찾아보니 울릉도에서 많이 자생하고 있으며 해변의 국화 또는 바다의 국화라고 소개하고 있었다.

    2010년 경희대 약학대학에서 연구하여 발표된 자료에서 왕해국은 체중 및 체지방을 감소시키는데 탁월한 효능이 있다고 밝혀 관심을 가지게 되었으며 다른 민간 여러 검사기관의 성분 검사 자료에도 왕해국의 어린잎을 식용할 수 있으며 전초에는 혈전, 치질, 고지혈, 당뇨 등을 예방하는데 효과가 있다고 했다. 특히 울릉도의 왕해국 추출물은 피부 외용제, 주름 개선, 피부 탄력 강화, 콜라겐 합성, 탄력 개선 등에 탁월하며 먹는 화장품으로도 다양하게 개발할 수 있다고 한다.

나는 왕해국에 대하여 여러 자료를 보고 앞으로 왕해국이라는 식물이 무궁무진한 가능성이 있는 식물이라는 생각이 들었다.

2010년 10월에 왕해국 자생지 울릉도를 탐사하기 위해 강릉에서 3시간 동안 배를 타고 울릉도에 도착했다. 그동안 몇 번이나 울릉도에 가려고 계획했지만 여러 가지로 맞지 않아 못 갔었다. 배 운행 시간에 맞춰 강릉까지 갔다가 기상 관계로 돌아온 적도 있었다. 다행히 울릉도에 무사히 도착해서 전에 알고 있던 지인에게 전화해서 도움을 요청했다. 그분은 내가 야생화 및 육묘장을 할 때 전국의 야생화 농원을 소개한 책에서 왕해국 모종을 재배하고 있는 농원이라고 해서 전화를 통해 알게 되었고 육지에서 만난 적도 있었다.

선착장에서 택시를 타고 깎아지른 절벽 사이로 굽이굽이 돌아서 산꼭대기 정상까지 올라가니 그분의 농장이 있었다. 농장에서 동해 쪽을 바라보니 독도가 희미하게 보였다. 울릉도에서 독도는 날씨가 아주 좋은 날만 볼 수 있다고 한다.

서로 인사를 나누고 차를 마시며, 왕해국의 전망과 가능성에 대해 이야기를 하며 서로 협력하기로 하고 그분의 트럭을 타고 왕해국 군락지를 돌아보았다. 산 정상에 있는 농장에서 다시 해안 도로까지 내려와 섬목이라는 곳에서 천부도 쪽으로 2km 정도 가니 깎아지른 절벽 바위틈에서 왕해국이 꽃을 활짝 피우고 나를 반기는듯해서 너무 신기했다.

어떻게 저런 곳에서 식물이 살 수 있을까 싶은, 바닷가의 절벽에서 매서운 바람에 맞서며 척박한 돌 등에 뿌리를 박고 꽃을 피우는 왕해국의 생명력에 감탄하지 않을 수 없었다. 하지만 일반 여행객들은 절벽에 피어있는 왕해국꽃보다 천부 도로를 따라 달리며 천년 동굴과 푸른 바다 위에 서 있는 촛대 바위와 아름다운 바다 풍경에 시선을 빼앗겨서 왕해국꽃을 감상하지 못하고 지나간다.

바위틈새가 조금 평평하고 넉넉해진 곳에 한 무리를 이루어 핀 보랏빛 왕해국의 아름다움을 못 보고, 울릉도에 왕해국이라는 꽃이 있는지도 모르는 사람이 많다. 왕해국은 육지에서 자생하는 일반 해국보다 잎과 꽃의 크기가 훨씬 더 커서 왕해국이라는 이름을 붙인 것 같다.

내가 울릉도에 간 것이 10월이라 왕해국꽃이 만발하고 있어서 종자를 받지 못하고 꽃이 지고 12월 초에 종자를 받을 수 있다고 해서 지인에게 종자를 받아 달라고 부탁하고 2박 3일의 울릉도 여행을 마치고 육지로 돌아왔다. 12월 10일경 그분에게서 왕해국 종자를 택배로 받았다.

씨앗을 정선하여 파종하고 큰 기대를 걸고 10만 본 정도 모종을 만들었지만, 왕해국이라는 이름조차도 생소한 듯, 아는 사람이 별로 없어 화분에 심어 야생화 시장에 판매했지만 화려한 원예종 꽃들에 밀려 판매가 잘 안되었다. 5천여 개를 제외한 모종을 2011년 6월 폐기 처분하면서 큰 손해를 보았다.

그래도 미련이 남아 100평 정도의 밭에다가 왕해국을 심어 놓았더니 왕해국이 잘 자라서 육지에서도 잘 자랄 수 있다는 가능성을 알게 되었다.

그래도 미련이 남아 왕해국을 연구하여 학회에 발표하신 경희대 정세영 교수님께 전화해서 화성에서 야생화와 약용식물을 재배하는 밀알농원인데 왕해국을 재배하고 있다고 했더니 울릉도에서 자생하는 왕해국과 성분이 같은지 비교 실험한다고 하여 왕해국 잎 10kg 정도를 가지고 경희대 약학대학을 찾아가 전해주었다. 15일이 지나서 정교수로부터 울릉도 왕해국과 성분이 같다는 결과가 나왔다고 연락이 왔다. 그 후 왕해국을 재배하면서 차도 만들어 보고 분말로 만들어 떡, 케익, 국수 등을 다양하게 만들어 시식을 해보며 연구하고 있었다.

2012년 8월에 건강식품 판매회사(뉴트리)에서 연락이 왔다. 밀알농원에서 왕해국을 재배하고 있음을 확인하며 상의할 것이 있어 농장을 방문하겠다고 했다. 9월에 경희대 정교수님과 뉴트리 회사 이사 세 분이 우리 농장을 방문해서 왕해국 재배 현장을 보고 나서 뉴트리 회사에서 오신 분이 앞으로 우리 회사에서 왕해국 잎을 가지고 다이어트 식품을 개발하여 생산할 계획이 있으니, 임상실험용으로 사용할 왕해국 건엽을 1년에 1,000kg씩 생산해 줄 수 있느냐고 했다.

1kg당 건엽 1만 원에 납품하기로 합의한 뒤 계약서를 쓰고 2013년부터 납품을 시작했다. 가끔 회사를 방문하여 담당 직원과 상의하면서 본격적으로 납품을 하였고 회사는 건엽에서 성분을 추출하여 실험할 제품을 만들어 병원을 통해 비만자들을 모집하여 임상 실험을 시작하였다.

회사에 왕해국 건엽을 납품한지 10년이 지났는데도 식약처에서 제조 허가가 나오지 않아 이제는 더 이상 재배를 하지 말라고 연락이 왔다. 이야기를 들어보니 우리나라에서 약용식물로 식약처 허가를 받기가 너무 힘들다고 했다. 그 무렵 '내츄럴 앤도텍'이라는 회사에서 '하수오 사건'이 터져 더욱 어려워졌던 것 같았다. 하수오와 비슷한 '이엽우피소'라는 식물을 중국에서 수입하여 하수오 대체 식물로 사용한 것이 들통나면서 허가가 더욱 강화되었다고 했다.

아직 우리나라 식물로 식약처 허가를 받은 식물이 별로 없고 모두 다른 나라에서 연구하여 허가받은 것으로 제품을 만들고 있다고 한다.

그 후 재배를 포기하였으나 혹시 언젠가는 제조 허가가 나오겠지 하는 마음으로 화성시 우정읍에 있는 쌍봉산 자락에 있는 밭 천 평을 임대하여 심어 놓고 있었다. 9월부터 꽃이 피기 시작하여 10월에 보랏빛 꽃이 절경을 이루면 인근 지역 주민들이 쌍봉산에 운동이나 산책하러 왔다가 꽃을 보고 폰으로 사진을 찍으며 즐거워하는 모습을 보면서 위안을 받았다.

별 소득도 없이 2년이 지난 2021년 7월 다시 뉴트리(전에 납품하던 회사) 직원이 와서 왕해국의 성분으로 임상 실험한 결과로 제조허가가 나왔다며 제조 허가증을 복사해서 가지고 와 보여 주었다.

왕해국을 10년이 넘도록 재배하여 납품했지만, 그동안 인건비, 기름값 등이 3배나 상승해서 별로 수입이 되지 않았고 60대에 왕해국 재배를 시작해서 12년이 지나 70이 훨씬 넘으니 육체적으로 힘이 들어서 수없이 재배를 포기하고 싶었지만, 많은 기대와 희망으로 인내한 시간을 쉽게 포기할 수가 없었다.

식약처로부터 제조 허가는 받았지만, 제품을 만들 원물(왕해국 건엽)이 없어서 제품 생산을 할 수가 없는 것이 문제였다. 아직 우리나라에서 왕해국을 재배하는 곳은 밀알농원뿐이다. 그것도 일천 평 정도의 재배로는 어림도 없다. 또 다른 문제는 왕해국 재배가 그리 쉽지 않다는 것이다. 장마가 3일만 계속되면 물 빠짐이 나쁜 곳에서는 거의 다 시들어 죽고 한다. 왕해국은 바위틈에서

자 라던 식물이라 건조한 곳을 좋아하기 때문이다.

또한 가뭄이 계속되면 성장이 되지 않아 수확량이 적어진다. 재배가 은근히 까다로워서 재배 경험이 있어야 한다. 밀알농장에서는 12년 동안 여러 차례 실패를 거듭하며 재배 경험을 쌓아 지금은 어느 정도 전문가 수준이 되었다고 생각하지만 어떤 농작물이든 하늘이 도와야 한다는 말도 있듯이 항상 겸손한 마음으로 임해야 한다는 생각이다.

2021년 12월 (주)뉴트리와 (주)노바렉스라는 건강식품 제조회사에서 부사장과 전무이사, 여직원 등 10여 명이 농장을 찾아왔다. 방문 목적은 2022년부터 왕해국 건엽 대량 생산이 가능한지와 건엽 1g당 단가가 얼마면 되겠느냐를 알아보기 위해서였다.

나는 아직 대량생산을 위한 종자가 확보되어 있지 않고 대량생산을 하려면 2년 정도 지나야 종자도 확보할 수 있으며 건엽 단가는 최소한 1만 원 이상이면 할 수 있다고 했다.

2022년 1월 노바렉스 자회사인 노바웰스 대표가 왕해국 건엽 5t을 계약하자고 제안해서 1kg당 1만 원에 납품하기로 하고 계약금 1천만 원을 받았다.

2022년 3천 평의 밭에 왕해국을 심은 후 모든 정성을 다하여 재배해서 6월부터 수확을 시작했다. 인력으로는 수지타산이 맞지 않아 농산물 수확기를 구매하여 수확했다. 정식 후 2개월 정도 지나 왕해국이 30cm 이상 자라면 지면에서 10cm 정도 싹을 남기고 절단 수확한 후 건조기에 말려서 습기를 차단하기 위해 비닐봉지에 담아 밀봉한 뒤 햇볕이 들지 않는 서늘한 곳에 보관해야 한다.

첫 수확을 하고 50여 일 후 2차 수확을 해야 하는데 장마가 계속되어 배수가 잘 안된 평지에는 50%가 시들어 죽고 말았다. 왕해국은 정식을 한 후 3번 정도 수확이 가능하지만 2차 수확이 장마로 인해 할 수 없게 되어 수확량이 50%나 줄게 되었다. 10월에 마지막 수확을 해보니 계획한 5톤에 미치지 못하고 3톤 정도 되었다. 회사 측에서는 최소한 건엽 5톤이 되어야 제품 생산을 할 수 있다고 했다. 제품생산이 1년 미뤄졌다.

2023년 노바웰스 대표께서 건엽 20톤 수매 계획을 세웠는데 생산할 수 있겠냐고 했다. 혼자서는 생산에 한계가 있고 관심 있는 회원을 모집해서 생산해 보겠다고 하여 주위에 왕해국 재배를 희망하는 농민 2명을 추천해서 한 사람당 3,000평 ~5,000평까지 재배를 시작하였다.

왕해국 모종은 밀알농원에서 4월부터 분양해 주었다. 나는 5월부터 정식을 하여 7월 초순경에 첫 수학을 했다. 4천 평의 밭에서 1차로 3톤 정도 수확했으니 성공적이었다. 2023년 목표는 10톤 계획이었으나 2차 수확시기가 고온다습한 장마기라서 수확을 멈추었다. 이 시기에 수확하면 절단된 왕해국이 고온과 습기로 인해 죽어버리기 때문이다. 9월 하순경에 2차 수확을 시작해서 10월에 끝내야만 했다. 10월 이후에는 기온이 낮고 서리가 와서 수확이 불가능하다. 10톤을 계획했지만 6톤 정도 했다. 4,000평에서 6톤 정도 했으면 어느 정도 성공적인 것 같다.

왕해국은 다년생으로 한번 심으면 다음 해부터는 4월부터 수확할 수 있어 3~4번 수확이 가능하다. 그리고 별도로 새로운 투자를 안 해도 되는 장점이 있어 더 많은 수익을 낼 수 있다. 나 외에 회원(2명)들도 3,000평의 밭에서 3톤 정도 수학을 해서 타 작물보다 소득이 높아 만족하였고 2024년에는 거의 새로운 투자 없이 수익을 낼 수 있다는 기대를 하고 있으며 한 해 동안 경험을 통해 재배의 노하우를 쌓았다고 한다.

다른 2명의 회원이 목표를 달성하지 못했지만, 회사에 10톤 이상 납품을 했으니 2024년 봄에는 체지방을 감소시키는 다이어트 건강식품을 출시할 수 있다고 해서 많은 기대를 하고 있다.

왕해국을 12년간 재배해 오면서 여러 차례의 실패를 거듭하면서 실패의 원인을 찾아내고 성공적으로 재배하기 위한 기술을 터득하여 그 결과를 소득과 연결함으로서 앞으로 농촌의 여러 희망 농가에 도움을 주고자 씨앗 파종, 모종 기르기, 본밭에 정식, 병충해 방제, 수확 및 건조에 관한 것들을 기록으로 남겨 보급하고자 한다.

끝으로 우리나라 울릉도에 자생하고 있는 토종식물인 왕해국의 성분이 여러 분야에서 연구하고 제품화되어 국민 건강에 도움이 되기를 바라는 마음이 간절하다. 오늘날 많은 사람들이 비만과 당뇨. 고지혈증 등 혈관 건강이 좋지 않아 고생하고 있는데 국가적으로도 널리 개발해서 수출할 수 있게 관심을 가졌으면 좋겠다.

그래서 어려운 농민들의 소득 증대와 국민들의 건강에도 기여할 수 있기를 바라며 다른 방면으로 특허를 받은 기업이나 개인들도 앞으로 새로운 제품이 개발될 수 있기를 기대한다.

흙과 함께하는 삶

초판 1쇄 발행 2024년 9월 9일

지은이	유맹하
발행인	방경석
편집장	방지예
교 정	임미경
제 작	에스디 소프트
등 록	제 301-2009-172호(2009.9.11)
주 소	경기도 동두천시 정장로 43
전 화	010-3009-5738
발행처	미문커뮤니케이션

Printed in Korea
ISBN 979-11-983072-5-5

가 격 24,000원